Frauke Jessen-Narr · Monika Böttcher

Evangelische Landeskirche
in Württemberg (Hrsg.)

„Fühl mal!" Gottes Wort

Biblische Erlebnisgeschichten für Menschen mit hohem Unterstützungsbedarf

VON LOEPER LITERATURVERLAG

Bibliographische Information der Deutschen Bibliothek
Die Deutsche Bibliothek verzeichnet diese Publikation in der Deutschen Nationalbibliographie; detaillierte bibliographische Daten sind im Internet unter http://dnb.ddb.de abrufbar.

Gehen Sie uns „ins Netz"!
Besuchen Sie uns im Internet unter
www.vonLoeper.de

Gerne senden wir Ihnen kostenlos ausführliche Informationen zu unserem Verlagsprogramm zu und informieren Sie regelmäßig über wichtige Neuerscheinungen zum Thema. (Adresse siehe unten)

Wichtiger Hinweis:
Ausführliche Zusatzinformationen zu diesem Buch, Hinweise, wichtige Links und weiteres Bonus-Material finden Sie im Internet unter
www.vonLoeper.de

Zeichnungen von Frauke Jessen-Narr

Originalausgabe

2A-5H-0124-dd

Layout und Satz: Weiß-Freiburg GmbH – Graphik & Buchgestaltung
Gesamtherstellung und Vertrieb:
Ariadne Buchdienst,
Daimlerstr. 23, 76185 Karlsruhe
Tel. (0721) 464729 - 029
Fax (0721) 464729 - 099
E-Mail: Info@vonLoeper.de
Internet: www.vonLoeper.de

ISBN 978-3-86059-249-6

Inhaltsverzeichnis

Vorwort des Landesbischofs Dr. h. c. Frank Otfried July

Jesus Christus hat uns Inklusion vorgelebt, indem er kranke und ausgegrenzte Menschen bewusst wieder hinein genommen hat in die Gemeinschaft, und indem er dazu Grenzen überschritten hat. Wir sind herausgefordert, eingeschränkte Sichtweisen zu überdenken und neue Wege zu wagen. Damit die Vision von einer Gesellschaft, in der alle Menschen ihren je eigenen Platz haben, mit ihren Gaben und ihrem Person-Sein wahrgenommen werden, in Erfüllung gehen kann, ist ein neuer Blick nötig, ein liebender Blick auf die Person an sich. Ohne Klassifizierung nach Grad der Begabung. Stattdessen: der Wunsch, jedem seinen Platz in der Gesellschaft zuzugestehen. Im vorliegenden Band geht es um gelebte Teilhabe. Bekannte biblische Motive und Geschichten, ebenso die damit verbundenen Gefühle und Erinnerungen werden auf sorgfältige Weise über unterschiedliche Sinneswahrnehmungen wie Riechen, Fühlen oder Wärmeempfinden erlebbar „erzählt" und erinnert. So erhalten auch Menschen mit nicht entwickeltem oder verloren gegangenem Sprachvermögen oder Sprachverständnis die Möglichkeit, die Inhalte dieser Geschichten zu verstehen, weil sie ihnen auf eine Weise angeboten werden, die ihren Fähigkeiten entspricht.

Foto: Landesbischof Frank Otfried July © Gottfried Stoppel

Dr. h. c. Frank Otfried July
Landesbischof der Evangelischen Landeskirche
in Württemberg
Januar 2018

Evangelische Landeskirche
in Württemberg

1 Vorwort

Liebe Leserin, lieber Leser,

vor Ihnen liegt das Buch „Fühl mal! Gottes Wort“, in dem Sie vielfältige praxisbezogene Anregungen erhalten, wie Sie gemeinsam mit Menschen, die einen hohen Unterstützungsbedarf haben, biblische Geschichten erfahren, erleben und erspüren können.

Die beiden Autorinnen dieses Buches haben langjährige berufliche Erfahrungen in der heilpädagogischen Arbeit mit Menschen mit hohem Unterstützungsbedarf und sie legen einen großen Schwerpunkt in ihrer Arbeit auf Bildungsangebote, die auf basalen Erfahrungs- und Lernprozessen basieren und die biografischen Erfahrungen der Menschen berücksichtigen.

Diese Menschen mit hohem Unterstützungsbedarf sind fast alle in höherem Erwachsenenalter und sie haben in ihrer Kindheit und Jugend keine schulische Bildung erhalten, da sie damals als „nicht bildungsfähig“ angesehen wurden und selbst in den Sonderschulen nicht aufgenommen worden sind.

Seit ungefähr 1985 sind für erwachsene Menschen mit hohem Unterstützungsbedarf Förderangebote im Rahmen der Heilpädagogischen Fördergruppen oder der Förder- und Betreuungsgruppen innerhalb der Werkstätten für behinderte Menschen aufgebaut worden, die sehr stark durch die Entwicklung der Basalen Stimulation nach Andreas Fröhlich und den Erkenntnissen der Entwicklungspsychologie von Jean Piaget bestimmt waren. Das vorherrschende anthropologische Konzept basierte auf Methoden der „Förderung“ und „Therapie“ zur Kompensation von behindertenspezifischen Defiziten. Bildung, partnerschaftliche Kommunikation, Berücksichtigung von biografischen Erfahrungen und Ermöglichung von Selbstbestimmung sind erst in den letzten Jahren als neue Themen der Heilpädagogik hinzugekommen und haben die Interaktionen zwischen Menschen mit und ohne Behinderung verändert.

Viele Menschen mit hohem Unterstützungsbedarf haben durch diese Angebote erstmalig ein strukturiertes Lernangebot erhalten, das das lebenspraktische Lernen in den Familien und Wohngruppen erweitert hat und zu einer aktiven Teilhabe an einer Gemeinschaft außerhalb des privaten Lebensumfeldes geführt hat.

Aber diese Menschen haben immer in einer kulturell geprägten Umgebung gelebt und haben sich diese Kultur mit ihren eigenen Möglichkeiten erschlossen. In der Welt einer diakonischen Einrichtung ist eine kulturelle Prägung durch die Gottesdienste und täglichen Andachten gegeben: Gemeinsames Singen, Psalmen sprechen, biblische Geschichten hören und die Gemeinschaft mit anderen Menschen bilden die immer wiederkehrenden Inhalte dieser Andachten und Gottesdienste, die durch ihre Rituale Sicherheit und Orientierung vermitteln.

Diese grundlegenden religiösen und kulturellen Erfahrungen greift dieses Buch auf und versucht sie durch sinnliche und sinnhafte Angebote darstellbar, erlebbar und fühlbar zu machen.

„Fühl mal! Gottes Wort“ lässt eine Gemeinschaft entstehen und ermöglicht allen teilnehmenden Personen, neue Erfahrungen und Empfindungen zu machen und sich gemeinsam am Trost und Segen der biblischen Verheißung zu freuen.

Ich konnte in den vergangenen Jahren diese Arbeit der beiden Autorinnen begleiten und weiß von ihrem großen Interesse an Bildungskonzeptionen und deren Umsetzung in gruppenpädagogische Prozesse. Die Autorinnen zeigen großes Engagement, um möglichst viel von den biografischen Erlebnissen der Menschen mit Behinderung zu erfahren und um die Bildungsangebote mit den konkreten Lebens- und Erfahrungshintergründen dieser Menschen zu verbinden. Diese intensive fachliche Auseinandersetzung und die damit verbundenen praktischen Erfahrungen und Beobachtungen prägen die Konzeption und die Methodik dieses Buches.

Ich freue mich sehr über diese besonderen „Fühl mal"-Geschichten und wünsche Ihnen eine spannende Lektüre und viel Freude bei der Umsetzung von „Fühl mal! Gottes Wort".

Ines Bader (Dipl.-Psych.)
Kernen, Februar 2017

2 Auf ein Wort!

Bildung bezeichnet den vielschichtigen und lebenslangen Prozess der Entwicklung des Menschen. Bildung befördert die Entfaltung der menschlichen Möglichkeiten, der Persönlichkeit, der Begabungen und Fähigkeiten mit dem Ziel, Teilhabe an der Gesellschaft zu ermöglichen.[1]

Die Suche nach dem Umgang mit der Welt beschreibt Bildung als Prinzip, das für alle Mitglieder einer Kultur gilt, auch wenn sie Unterschiedliches zu dieser Kultur beitragen.[2]

Gemäß der UN-Behindertenrechtskonvention hat jeder Mensch das Recht auf kulturelle und soziale Teilhabe an allen Lebensbereichen.

Das Christentum ist nach unserem Verständnis Teil unseres kulturellen Kontextes, also ein fester Bestandteil unserer Gesellschaft.

Wir verstehen die hier vorgestellte Form des Geschichten-Erzählens daher als Teil der kulturellen Bildung und sozialen Teilhabe für Menschen mit hohem Unterstützungsbedarf: Und wenn hier von Menschen mit hohem Unterstützungsbedarf gesprochen wird, so sind damit Personen gemeint, die aufgrund einer körperlichen, geistigen oder Mehrfachbehinderung einen hohen Unterstützungsbedarf bei der Teilhabe am Leben in der Gemeinschaft haben, sowie ein hohes Maß an Pflegeassistenz benötigen.[3]

1 Vgl. Bildung bei schwerer und mehrfacher Behinderung, Zeitschrift Teilhabe 4/2016, S. 168.

2 Vgl. ebd., S. 170.

3 Vgl. Bundesverband evangelischer Behindertenhilfe e. V.: Handlungsempfehlung Teilhabe am Arbeitsleben von Menschen mit hohem Unterstützungsbedarf Berlin 2010, S. 4.

Die Ermöglichung von Bildung für diese Personengruppe ist nicht nur ein rechtlich verbriefter Anspruch, sondern ein unverzichtbarer Beitrag zur Erhaltung der Gesamtkultur und der Menschlichkeit.[4]

Wir sind Mitarbeiterinnen eines großen Trägers sozialer Dienstleistungen. Unsere Einrichtung baut auf ein Miteinander, das getragen ist von einem christlichen Menschenbild. Im Leitbild unserer Einrichtung findet sich ebenso die Verpflichtung auf die Umsetzung des Inklusionsgedankens bezüglich der Menschen mit Behinderung auf allen Feldern gesellschaftlichen Lebens.[5]

Mit sinnlich erfahrbaren biblischen Erlebnisgeschichten möchten wir christliche Inhalte vor allem für Menschen zugänglich machen, die einen hohen Unterstützungsbedarf haben – also für jenen Personenkreis, der in unserem Arbeitsbereich Förderung erhält.

Gerade auch Menschen mit kaum entwickeltem oder verloren gegangenem Sprachverständnis erhalten so die Möglichkeit, Geschichten kennen zu lernen, indem sie ihnen auf eine Weise angeboten werden, die ihren Fähigkeiten und Kommunikationsweisen entspricht.

Das sinnesorientierte Erzählen ist keine neue Idee. Es wird seit Jahren in vielen Bereichen der Arbeit mit behinderten Menschen praktiziert. Was uns jedoch fehlte, war ein klar strukturierter, bildungsorientierter Ansatz für Gruppen. So entstand das „Fühl mal"-Konzept.

4 Vgl. Bildung bei schwerer und mehrfacher Behinderung, Zeitschrift Teilhabe 4/2016, S. 171.

5 Vgl., Diakonie Stetten: Leitbild 2017.

Biblische Geschichten sollen also hier mit dem Ziel adaptiert (angepasst) werden, sie leiblich erlebbar und sinnlich erfahrbar zu machen, um so eine kommunikative Annäherung zu ermöglichen.

Mit Hilfe von vereinfachter Sprache, ausgewählter Musik und veranschaulichenden Gegenständen, Geräuschen oder Gerüchen sollen die biblischen Erzählungen gestaltet werden – also fühlbar, hörbar, riechbar, sichtbar, greifbar – und damit erfassbar gemacht werden.

Diese intensivierte Art der Erzählung hofft darauf, Gefühle in besonderer Weise zu berühren und damit Zugänge, Erlebnisräume und Ausdrucksformen zu eröffnen, die über Sprache hinausgehen.

Wir hoffen Impulse zu finden, die aufgrund ihrer Bedeutsamkeit für den Teilnehmer Aufmerksamkeit erzeugen und damit eine Auseinandersetzung anregen. Diese Auseinandersetzung stößt eine neue Erfahrung, neue Sicht auf sich selbst und die Welt an.

Unsere Erfahrung zeigt, dass dieser Ansatz eine Erzähl-Haltung und Erzähl-Atmosphäre schafft, die dem Menschen auf Augenhöhe begegnet und Respekt entgegenbringt. Die persönliche Eigenart des Gegenübers wird wertgeschätzt indem überlegt wird, wo seine Stärken und Kommunikationsmöglichkeiten liegen – wie man ihn erreichen und in Kontakt kommen kann. Diese ressourcenorientierte Haltung soll dem zuhörenden und teilnehmenden Menschen das identitätsstiftende Gefühl vermitteln: Mein Dabeisein, Mittun und Mitfühlen hat Bedeutung, ich bin Teil dieses Geschehens und dieser Gemeinschaft.

Tatsächlich haben wir auch erfahren, dass in der gemeinsamen Begegnung durch eine Erlebnisgeschichte alle Interaktionspartner berührt und bereichert aus diesem Geschehen hervorgehen können.

Frauke Jessen-Narr / Monika Böttcher
Kernen-Stetten, Oktober 2017

3 Das „Fühl mal!“-Konzept

Einführung

Überlieferte Geschichten wie Märchen (z. B. Grimms Volksmärchen) oder Sagen zu Festen im Jahreslauf (z. B. St. Martin) und Geschichten aus der Bibel (z. B. Weihnachtsgeschichte) sind bedeutsam für die abendländische Kultur und betreffen dadurch die Lebenswirklichkeit der Teilnehmer.

Es kann also angenommen werden, dass die Teilnehmer in ihrem Leben bereits mit diesen Geschichten in Kontakt gekommen sind. Dieser biografische Aspekt der Erlebnisgeschichten ist durchaus gewünscht.

Das „Fühl mal!“-Konzept ermöglicht es kulturtragende Geschichten in vereinfachter Sprache und kombiniert mit sinnlichen Effekten anzubieten, damit auch diejenigen Teilnehmer, denen der Zugang zum gesprochenen Wort fehlt, dem Geschichtenverlauf spürend folgen können.

Dem Erzähler und den Akteuren steht dabei ein Erzählraster zur Verfügung, in dem alle Informationen übersichtlich und zeitlich sortiert auf einen Blick zur Verfügung gestellt werden. Als Akteure werden diejenigen bezeichnet, die im Verlauf der Geschichte die Effekte anbieten. Eine Materialliste erleichtert das Zusammenstellen aller benötigten Gegenstände.

Das Konzept ist für Gruppen entwickelt worden.

Bearbeitung der Bibelgeschichten

Für das „Fühl mal!“-Konzept wurden die Bibelgeschichten vereinfacht. In den biblischen Erlebnisgeschichten fehlen Teile und Wendungen der Originalgeschichte. Diese Reduzierung des Inhaltes auf wenige Sätze ist wichtig, um die Geschichte in ihrer Struktur übersichtlich und die Erzählzeit überschaubar zu halten. Zu viele Informationen und Nebenerzählstränge lenken vom eigentlichen Kern der Geschichte ab. Der Fokus der Geschichte muss auf denjenigen Elementen liegen, die für den Fortgang der Geschichte wichtig sind und deren Sinn tragen.

Die Bibelgeschichte wird also zunächst elementarisiert. Diese Vereinfachung erleichtert die allgemeine Verständlichkeit der Geschichte. Neu hinzugefügte Wiederholungen dienen der Vertiefung des Gesprochenen und begleiten die Effektangebote, um eine Verknüpfung von Sinneseindruck und Wort zu ermöglichen.

Die „Fühl mal!“-Geschichten sind der Versuch, die Aussage, die Gefühle und Wendungen der Geschichte mit Hilfe von Sprache und Effekten erlebbar zu machen.

Der vereinfachte gesprochene Text und die Effekte sind so geordnet, dass der Erzählfluss erhalten, der Sinn optimal vereinfacht und schlüssig erlebbar dargestellt wird.

Zielgruppe

Die biblischen Erlebnisgeschichten wenden sich an Gruppen von Menschen mit hohem Unterstützungsbedarf und an Menschen mit nicht vollständig entwickeltem oder verloren gegangenem Sprachverständnis.

Dauer

Die Erlebnisgeschichten sind so konzipiert, dass sie eine Dauer von 30 Minuten nicht überschreiten. Diese Dauer ist mit einer Gruppe von durchschnittlich 10 Personen erarbeitet worden.

Die angestrebte Verknüpfung von Einzelreizen erfordert eine hohe Konzentrationsleistung. Eine längere Erzählzeit kann zu einer Überforderung der Teilnehmer führen, möglicherweise können Text und Effekte nicht mehr verarbeitet werden. Aus dem gleichen Grund ist es nicht sinnvoll die Dauer der Erlebnisgeschichte durch ein schnelleres Anbieten der Effekte zu verkürzen.

Raum

Idealerweise steht für die Erlebnisgeschichten ein eigener, angemessen großer, reizarmer Raum mit Verdunklungsmöglichkeit zur Verfügung. Es kann aber grundsätzlich jeder Raum für die Erzählsituation genutzt werden.

Störungen, wie das Klingeln eines Telefons oder andere Nebengeräusche, sollten so weit wie möglich vermieden werden.

Wenn möglich sollte der Raum vorher gestaltet werden. So können die Teilnehmer einen Raum erleben, der durch eine besondere Atmosphäre (z. B. Beleuchtung, Musik) schon beim Hereinkommen auf die Geschichte einstimmt.

Rollenverteilung

In einer kurzen Vorbesprechung der Geschichte wird festgelegt, wer die Texte liest. Der Sprecher wechselt während der Geschichte nicht. Je nach Geschichte werden einzelne Sprechanteile von anderen Akteuren übernommen, dies ist im Raster entsprechend aufgeführt.

Welcher Akteur, welchen Effekt übernimmt wird ebenfalls in der Vorbesprechung festgelegt und im Raster vermerkt.

Es kann bei größeren Gruppen sinnvoll sein, für einen Effekt zwei Akteure und zwei Effektmaterialien einzuplanen, damit die Wartezeit für die anderen Teilnehmer nicht zu lang wird und somit der Erzählfluss erhalten und die Erzählzeit im gewünschten Rahmen bleibt.

Effekte

Effekte und Gesten tragen den Fortlauf der Geschichte. Sie ermöglichen das Miterleben und Spüren der Geschichte und sind der Kern des „Fühl mal!“-Konzeptes. Auf sie wird in der Erzählsituation ein besonderes Augenmerk gelegt.

Unter Effekten werden die Angebote zusammengefasst, die eines Materials bedürfen, während mit Gesten bedeutungsvolle Berührungen gemeint sind. Die Effekte und Gesten werden jedem Teilnehmer in einer Art und Weise angeboten, dass eine Aufnahme und Verarbeitung des Reizes möglich ist.

Zur Art und Weise gehören:

Die Begegnung

Die zugewandte Kontaktaufnahme zwischen Akteur und Teilnehmer ist die Grundlage für eine gelungene Begegnung.

Die Position

Der Effekt/die Geste sollte so angeboten werden, dass der Teilnehmer davon nicht überrascht wird. Visuelle Reize sollten nicht zu fern aber auch nicht zu nah angeboten werden, eventuelle Sehbeeinträchtigungen der Teilnehmer sind dabei zu berücksichtigen.

Die Dauer

Nach unseren Erfahrungen werden Effekte und Gesten typischerweise eher zu schnell angeboten und zu schnell wieder entfernt. Eine gute Beobachtung des Teilnehmers ist Voraussetzung um zu erkennen, ob der Reiz „angekommen“ ist, ob er aufgenommen und verarbeitet wurde.

Die Intensität

Auch hier ist ein mitfühlendes Beobachten wichtig um zu erkennen, ob eine Berührung zu zart oder zu fest, die Lautstärke zu hoch oder zu niedrig oder ein Geruch zu intensiv ist.

Die Verantwortung für die angemessene Darbietung des Effekts liegt in der Hand des Akteurs. Die Akteure können sich ausreichend Zeit nehmen!

Der Erzähler hat die Verantwortung dafür, dass die Texte zum Effekt ausreichend oft wiederholt werden und der Geschichtenfluss durch Wiederholen eines größeren Textbausteines wieder aufgenommen wird.

Beim Anbieten der Effekte und Gesten müssen Abwehrreaktionen der Teilnehmer ernst genommen werden. Welche schlechten Erfahrungen oder sogar Traumata bei bestimmten Reizen ausgelöst werden können, kann nicht vorhergesehen werden.

Auch haben die Teilnehmer das Recht, nicht an der Geschichte partizipieren zu wollen.

Das „Fühl-mal!"-Konzept verzichtet bewusst auf Reize, die bedrohlich wirken können. Bei einer Abwehr oder dem Eindruck, dass ein Reiz einen Teilnehmer überfordert, wird der Reiz nicht angeboten.

Sprache

Die Sprache der „Fühl mal"-Geschichten ist bewusst sehr einfach gewählt. Wiederholungen sind gewollt.

In den „Fühl mal!"-Geschichten sind Originalzitate aus den ursprünglichen Geschichten zu finden. Diese Originalzitate dienen als Stilmittel. Sie sind sprachlich nicht vereinfacht worden und können wahrscheinlich von den meisten Teilnehmern nicht wörtlich verstanden werden. Diese Originalzitate sind aber möglicherweise aus der Vorgeschichte der Teilnehmer schon bekannt und es kann auf eine biografische Erfahrung aufgebaut werden.

Mit dieser Herangehensweise wird versucht Assoziationen, die fast jeder Mensch mit der Geschichte verknüpft, aufzugreifen und auch den Teilnehmern zugänglich zu machen. Dies ist ein bewusstes Stilmittel.

Im Anschluss an die Geschichte im Erzählraster finden Sie die jeweilige Geschichte noch einmal in Leichter Sprache übersetzt und geprüft, falls Sie diese Textversion bevorzugen oder falls dies dem Teilnehmerkreis eher entspricht.

Lesehaltung

Die Texte der Erlebnisgeschichten sind bewusst kurz und einfach gestaltet. Umso mehr liegt der Fokus auf der Art des Lesens.

Auch bei kurzen Sätzen kann durch die Betonung, die Lautstärke, die Pausen und die Sprechgeschwindigkeit Spannung aufgebaut und bei den Teilnehmern Interesse und Gefühle geweckt, Assoziationen und innere Bilder ermöglicht werden.

Der dem Effekt zugeordnete Text wird so lange wiederholt, bis sich alle Teilnehmer mit dem Effekt auseinandersetzen konnten.

Wurde allen Teilnehmern der Effekt angeboten, ist es sinnvoll einen größeren Textabschnitt zu wiederholen oder den gesamten Text zum Effekt noch einmal zusammenhängend zu lesen, um den Faden der Geschichte aufzunehmen und den Sinnzusammenhang wieder herzustellen.

Um die Einfachheit der Sprache zu erhalten sind Variationen des Textes während des Lesens nicht sinnvoll. Jeder neue Satz setzt einen neuen Sprachimpuls. Eine zu hohe Zahl an Sprachimpulsen kann eine Überforderung darstellen.

Erzählkreis

Beim Erleben der Geschichte sitzen die Teilnehmer gemeinsam mit dem Erzähler und den Akteuren im Kreis. Die Akteure haben ihre Effektmaterialien nahe bei sich, so dass sie störungsfrei hervorgeholt werden können. Im Verlauf der Erlebnisgeschichte bewegen sich die Akteure mit den Effekten im Raum, der Erzähler bleibt an seinem Platz im Kreis sitzen.

Durch die Sitzordnung ist es möglich, Effekte auch in der Mitte anzubieten oder die Kreismitte zu gestalten. Teilnehmer, die nur liegend an der Geschichte teilnehmen können, sollten so gut wie möglich in den Kreis integriert werden.

Materialliste

Vor jedem Geschichtenraster befindet sich eine Auflistung aller Gegenstände, die für die jeweilige Geschichte benötigt werden.

Die Gegenstände können abgehakt werden, um die Vorbereitungen für die Geschichte zu erleichtern.

In dieser Liste wird auch erklärt, wozu einzelne Effektmaterialien dienen und welches Gefühl, welche Stimmung sie auslösen sollen. So kann das Finden eines Ersatzmaterials erleichtert werden, wenn das beschriebene nicht zur Verfügung steht.

Die in der Materialliste aufgeführten Musikstücke und Lieder sind als Vorschläge zu verstehen.

Biblische Geschichten variieren

Jede der Erlebnisgeschichten ist als Vorschlag anzusehen, der je nach Teilnehmerkreis weiterentwickelt oder in der Gestaltung angepasst werden kann und soll.

Es sollte bei Veränderungen und Anpassungen aber immer der Kontext der Originalgeschichte beachtet werden, um die Geschichte nicht zu verfälschen. Außerdem ist es sinnvoll, sich zunächst auf das vorgegebene Raster einzulassen und erst dann die möglicherweise nötigen Veränderungen zu besprechen und einzubauen. So kann im Laufe der Zeit eine für den jeweiligen Personenkreis optimal zugeschnittene biblische Erlebnisgeschichte entstehen.

Für den Fall, dass Sie mit den Segnungen in der Schöpfungs- und Ostergeschichte Schwierigkeiten haben, können diese ausgelassen werden.

Beim Entwickeln der Geschichten haben wir festgestellt, dass wir an bestimmten Punkten das Bedürfnis haben, diese mit Glaubensritualen zu bekräftigen. Sollen diese Geschichten aber als rein kulturelles Angebot gestaltet werden, können die in den Tabellen fett markierten Textbausteine ausgelassen werden.

Das „Fühl-mal!"-Geschichten Raster

Die „Fühl mal!"-Geschichten sind in ein Raster gefasst. Dieses Raster soll den Einstieg in das „Fühl mal!"-Konzept erleichtern und den Überblick für alle Akteure während des Erzählens gewährleisten.

Das Raster ist möglichst selbsterklärend gestaltet, dennoch soll zur Verdeutlichung auf die einzelnen Überschriften näher eingegangen werden.

Akteur

Diese Spalte ist bewusst leer gelassen worden. Hier können die Namen der Akteure eingetragen werden, die den Teilnehmern den Effekt anbieten oder einen Effekt auslösen.

So weiß jeder Akteur zu jeder Zeit wer welche Aufgaben übernommen hat.

Material

In dieser Spalte ist sämtliches Material aufgelistet, das

für den nächsten Effekt benötigt wird und bereitgehalten werden sollte.

Effekt
In dieser Spalte wird erklärt, welcher Effekt, welche Aktion das gesprochene Wort unterstützen und verstärken soll. Es gibt Effekte (z. B. Geräusche), die allgemein z. B. in der Kreismitte ausgelöst werden, andere Effekte werden jedem Teilnehmer einzeln angeboten. (siehe auch den Abschnitt „Effekte")

Text
Der Text in dieser Spalte wird von einem vorher festgelegten Sprecher gelesen.

Soll ein Text von einer anderen Sprechstimme gelesen werden, wird in der Spalte Texthinweise extra darauf hingewiesen.

Einige Wiederholungen wurden bereits im Text eingebaut, andere müssen sich an der jeweiligen Situation (z. B. der Dauer des Effektes) orientieren. (siehe auch die Abschnitte „Sprache" und „Lesehaltung")

Texthinweise
In dieser Spalte sind Hinweise insbesondere für den Sprecher aufgeführt (z. B. die Sprachstimmung oder Lautstärke). Ebenfalls wird hier darauf hingewiesen, wenn ein Text von einem anderen Akteur gesprochen werden soll. Die Texthinweise dürfen und sollen individuell ergänzt werden.

4 Die Geschichten

4.1 Der barmherzige Samariter (Lukas 10, 25–37)

25 Und siehe, da stand ein Gesetzeslehrer auf, versuch-
te ihn und sprach: Meister, was muss ich tun, dass
ich das ewige Leben ererbe?
26 Er aber sprach zu ihm: Was steht im Gesetz ge-
schrieben? Was liest du?
27 Er antwortete und sprach: **„Du sollst den Herrn,
deinen Gott, lieben von ganzem Herzen, von
ganzer Seele und mit all deiner Kraft und deinem
ganzen Gemüt, und deinen Nächsten wie dich
selbst“** (5. Mose 6,5; 3. Mose 19,18).
28 Er aber sprach zu ihm: Du hast recht geantwortet;
tu das, so wirst du leben.
29 Er aber wollte sich selbst rechtfertigen und sprach
zu Jesus: Wer ist denn mein Nächster?
30 Da antwortete Jesus und sprach: Es war ein Mensch,
der ging von Jerusalem hinab nach Jericho und fiel
unter die Räuber; die zogen ihn aus und schlugen
ihn und machten sich davon und ließen ihn halb tot
liegen.
31 Es traf sich aber, dass ein Priester dieselbe Straße
hinabzog; und als er ihn sah, ging er vorüber.
32 Desgleichen auch ein Levit: Als er zu der Stelle kam
und ihn sah, ging er vorüber.
33 Ein Samariter aber, der auf der Reise war, kam da-
hin; und als er ihn sah, jammerte es ihn;
34 und er ging zu ihm, goss Öl und Wein auf seine Wun-
den und verband sie ihm, hob ihn auf sein Tier und
brachte ihn in eine Herberge und pflegte ihn.
35 Am nächsten Tag zog er zwei Silbergroschen heraus,
gab sie dem Wirt und sprach: Pflege ihn; und wenn
du mehr ausgibst, will ich dir's bezahlen, wenn ich
wiederkomme.
36 Wer von diesen dreien, meinst du, ist der Nächste
geworden dem, der unter die Räuber gefallen war?
37 Er sprach: Der die Barmherzigkeit an ihm tat. Da
sprach Jesus zu ihm: So geh hin und tu desgleichen!

4.1.1 Materialliste: Der barmherzige Samariter

Material	Bedeutung/Funktion
CD Eingangsmusik	
Tischchen in Kreismitte	für Kerze
Kerze, Streichhölzer	für Stimmung
Lampe	
Spazierstock; Rucksack	Accessoires des Wanderers
Keyboard	für einen dunklen, bedrohlichen Ton und Dissonanzen zur Veranschaulichung des Chaos beim Überfall
Gong	erschreckendes Geräusch, Bedrohung
2–4 Taschenlampen	flackerndes, verwirrendes Licht zur Veranschaulichung des Chaos beim Überfall
Bälledecke oder schwere Decke	Unbeweglichkeit des Opfers nach dem Überfall
2 Bürsten	leichter Schmerzreiz zur Veranschaulichung der Verletzungen
Verbände, Salben, Pflaster	
eine Decke pro Teilnehmer	Pflege und Gesundung
Tablett mit Tee, Löffeln	Pflege und Gesundung
Metronom	langsam verstreichende Zeit
Tücher	zum Abwischen der Salbe
Liedblatt: Wem Gott will rechte Gunst erweisen	

4.1.2 Fühl mal!: Der barmherzige Samariter

Akteur	Material	Effekt	Text	Texthinweise
	CD, Lampe	Eingangsmusik, Verdunkeln, Lampe an		
	Kerze, Streich- hölzer, Tischchen	Kerzen anzünden		
		Ruhe einkehren lassen		
			Ich erzähle euch eine Bibelgeschichte.	
			Diese Bibelgeschichte heißt: Der barmherzigen Samariter.	
			Die Bibelgeschichte geht so:	
	Stock, Rucksack	Stampfend mit Rucksack und Stock im Kreis herum gehen	Ein Mann ist auf der Reise. Der Mann ist allein. Der Weg ist weit, sehr weit.	
	Keyboard	Anhaltender tiefer Ton auf Keyboard	Der Weg ist sehr gefährlich. Hier gibt es böse Menschen. Die bösen Menschen sind Räuber! (2x)	
	Gong, Lampe	Gong schlagen, Lampe aus		
	2–4 Taschen- lampen, Keyboard	Dissonanzen auf dem Keyboard, Taschenlampen tanzen lassen	Die Räuber überfallen den Mann. Die Räuber schlagen den Mann.	

Akteur	Material	Effekt	Text	Texthinweise
	Lampe	Lampe an	Der Mann ist verletzt. Und der Mann blutet.	
	Bälledecke, 2 Bürsten	Bälledecke auf jeden Teilnehmer, 2 Akteure: mit Bürste auf den Hand-rücken/Arm piksen: „Aua!“	Deshalb kann der Mann nicht aufstehen. Alles tut dem Mann weh.	
	Akteur 1	Schritte her Schritte weg	Da kommt ein Priester vorbei. Der Priester sieht den kranken Mann. Der Mann ruft: Hilf mir! Bleib stehen! Halt! Aber der Priester hilft dem Mann nicht. Der Priester geht einfach weiter.	
	Akteur 2	Schritte her Schritte weg	Dann kommt ein Levit vorbei. Der Levit sieht den kranken Mann. Der Mann ruft: Hilf mir! Bleib stehen! Halt! Aber der Levit hilft dem Mann nicht. Der Levit geht einfach weiter.	

Akteur	Material	Effekt	Text	Texthinweise
	Akteur 3	Schritte her	Dann kommt ein Samariter vorbei. Der Samariter sieht den kranken Mann.	
	Verband, Pflaster, Salbe	Zuspruch für jeden Teilnehmer: „Ich helfe dir!“, umarmen, zu jedem Teilnehmer ein Effekt: Verband um Hand Salbe auf Hand od. Arm Pflaster auf Hand	Der Samariter hat Mitleid. Der Samariter sagt: Ich helfe dir! Der Samariter macht einen Verband um den Arm. Der Samariter reibt eine Salbe auf die Hand. Der Samariter klebt ein Pflaster auf die Hand. Der Samariter hilft!	
	Metronom für jeden Teilnehmer eine Decke, Tablett mit Tee, Löffeln (2 Akteure)	Metronom anstellen, langsamer Takt Jeden Teilnehmer zudecken Ein Löffel Tee für jeden Teilnehmer	Jetzt muss sich der Mann ausruhen.	

Akteur	Material	Effekt	Text	Texthinweise
	Metronom Decken Pflaster Salbe Tücher Verbände	Metronom aus, Decken weg, Pflaster + Verbände weg, Salbe abwischen Hurra-Rufen und Arme hoch mit jedem Teilnehmer-Rufen: „Ich bin wieder gesund!“	Dann ist der Mann wieder gesund!! Der Mann freut sich!	
	Liedblatt: Wem Gott will rechte Gunst erweisen Rucksack Stock	Singen und Klatschen Mit Rucksack und Stock im Kreis laufen		
			Das war die Geschichte vom barmherzigen Samariter.	
			Jetzt ist die Bibel-Geschichte aus. (2x)	
		Kerze aus		
		Nachspüren		

4.1.3 Leichte Sprache: Der barmherzige Samariter

Ich erzähle euch eine Bibel·geschichte.
Diese Bibel·geschichte heißt:
Der barmherzige Samariter.
  Ein Samariter ist ein Mann.
  Ein Samariter hilft anderen Menschen in der Not.
Die Bibel·geschichte geht so:

Ein Mann ist auf einer Reise.
Der Mann ist auf der Reise allein.
Die Reise dauert sehr lange.
Und die Reise ist sehr gefährlich.
Auf der Reise trifft der Mann nämlich auf Räuber.
Die Räuber über·fallen den Mann.
Und die Räuber schlagen den Mann.
Der Mann ist verletzt.
Und der Mann blutet.
Deshalb kann der Mann **nicht** aufstehen.
Alles tut dem Mann weh.

Da kommt ein Priester vorbei.
Der Priester sieht den verletzten Mann.
Der Mann ruft:
  Hilf mir!
  Bleib stehen!
  Halt!
Aber der Priester hilft dem Mann **nicht**.
Der Priester geht einfach weiter.

Dann kommt ein Levit vorbei.
  Ein Levit ist ein jüdischer Tempel·diener.
  Ein Levit gehört zum Stamm Levi.
Der Levit sieht den verletzten Mann.
Der Mann ruft:
  Hilf mir!
  Bleib stehen!
  Halt!
Aber der Levit hilft dem Mann **nicht.**
Der Levit geht einfach weiter.

Dann kommt ein Samariter vorbei.
Der Samariter sieht den verletzten Mann.
Der Samariter hat Mitleid.
Und der Samariter hilft dem Mann:
Der Samariter macht einen Verband um den Arm von dem Mann.
Der Samariter reibt eine Salbe auf die Hand von dem Mann.
Und der Samariter klebt ein Pflaster auf die Hand von dem Mann.
Jetzt muss sich der Mann ausruhen.
Mit der Hilfe von dem Samariter ist der Mann bald wieder gesund.

Das war die Geschichte vom barmherzigen Samariter.

4.2 Die Schöpfung (1. Mose 1, 1–31; 2, 1–4)

I
1 Am Anfang schuf Gott Himmel und Erde.
2 Und die Erde war wüst und leer, und Finsternis lag
auf der Tiefe; und der Geist Gottes schwebte über
dem Wasser.
3 Und Gott sprach: Es werde Licht! Und es ward
Licht.
4 Und Gott sah, dass das Licht gut war. Da schied
Gott das Licht von der Finsternis
5 und nannte das Licht Tag und die Finsternis Nacht.
Da ward aus Abend und Morgen der erste Tag.
6 Und Gott sprach: Es werde eine Feste zwischen den
Wassern, die da scheide zwischen den Wassern.
7 Da machte Gott die Feste und schied das Wasser
unter der Feste von dem Wasser über der Feste. Und
es geschah so.
8 Und Gott nannte die Feste Himmel. Da ward aus
Abend und Morgen der zweite Tag.
9 Und Gott sprach: Es sammle sich das Wasser unter
dem Himmel an *einem* Ort, dass man das Trockene
sehe. Und es geschah so.
10 Und Gott nannte das Trockene Erde, und die
Sammlung der Wasser nannte er Meer. Und Gott
sah, dass es gut war.
11 Und Gott sprach: Es lasse die Erde aufgehen Gras und
Kraut, das Samen bringe, und fruchtbare Bäume, die
ein jeder nach seiner Art Früchte tragen, in denen ihr
Same ist auf der Erde. Und es geschah so.
12 Und die Erde ließ aufgehen Gras und Kraut, das Sa-
men bringt, ein jedes nach seiner Art, und Bäume,
die da Früchte tragen, in denen ihr Same ist, ein je-
der nach seiner Art. Und Gott sah, dass es gut war.
13 Da ward aus Abend und Morgen der dritte Tag.
14 Und Gott sprach: Es werden Lichter an der Feste des
Himmels, die da scheiden Tag und Nacht. Sie seien
Zeichen für Zeiten, Tage und Jahre
15 und seien Lichter an der Feste des Himmels, dass sie
scheinen auf die Erde. Und es geschah so.
16 Und Gott machte zwei große Lichter: ein großes
Licht, das den Tag regiere, und ein kleines Licht, das
die Nacht regiere, dazu auch die Sterne.
17 Und Gott setzte sie an die Feste des Himmels, dass
sie schienen auf die Erde
18 und den Tag und die Nacht regierten und schieden
Licht und Finsternis. Und Gott sah, dass es gut war.
19 Da ward aus Abend und Morgen der vierte Tag.
20 Und Gott sprach: Es wimmle das Wasser von leben-
digem Getier, und Vögel sollen fliegen auf Erden
unter der Feste des Himmels.
21 Und Gott schuf große Seeungeheuer und alles Ge-
tier, das da lebt und webt, davon das Wasser wim-
melt, ein jedes nach seiner Art, und alle gefiederten
Vögel, einen jeden nach seiner Art. Und Gott sah,
dass es gut war.
22 Und Gott segnete sie und sprach: Seid fruchtbar
und mehret euch und erfüllet das Wasser im Meer,
und die Vögel sollen sich mehren auf Erden.
23 Da ward aus Abend und Morgen der fünfte Tag.
24 Und Gott sprach: Die Erde bringe hervor lebendiges
Getier, ein jedes nach seiner Art: Vieh, Gewürm und

Tiere des Feldes, ein jedes nach seiner Art. Und es geschah so.

25 Und Gott machte die Tiere des Feldes, ein jedes nach seiner Art, und das Vieh nach seiner Art und alles Gewürm des Erdbodens nach seiner Art. Und Gott sah, dass es gut war.

26 Und Gott sprach: Lasset uns Menschen machen, ein Bild, das uns gleich sei, die da herrschen über die Fische im Meer und über die Vögel unter dem Himmel und über das Vieh und über die ganze Erde und über alles Gewürm, das auf Erden kriecht.

27 Und **Gott schuf den Menschen zu seinem Bilde, zum Bilde Gottes schuf er ihn; und schuf sie als Mann und Frau.**

28 Und Gott segnete sie und sprach zu ihnen: Seid fruchtbar und mehret euch und füllet die Erde und machet sie euch untertan und herrschet über die Fische im Meer und über die Vögel unter dem Himmel und über alles Getier, das auf Erden kriecht.

29 Und Gott sprach: Sehet da, ich habe euch gegeben alle Pflanzen, die Samen bringen, auf der ganzen Erde, und alle Bäume mit Früchten, die Samen bringen, zu eurer Speise.

30 Aber allen Tieren auf Erden und allen Vögeln unter dem Himmel und allem Gewürm, das auf Erden lebt, habe ich alles grüne Kraut zur Nahrung gegeben. Und es geschah so.

31 Und **Gott sah an alles, was er gemacht hatte, und siehe, es war sehr gut.** Da ward aus Abend und Morgen der sechste Tag.

2

1 So wurden vollendet Himmel und Erde mit ihrem ganzen Heer.

2 Und so vollendete Gott am siebenten Tage seine Werke, die er machte, und ruhte am siebenten Tage von allen seinen Werken, die er gemacht hatte.

3 Und Gott segnete den siebenten Tag und heiligte ihn, weil er an ihm ruhte von allen seinen Werken, die Gott geschaffen und gemacht hatte.

4 Dies ist die Geschichte von Himmel und Erde, da sie geschaffen wurden.

4.2.1 Materialliste: Die Schöpfungsgeschichte

Material	Bedeutung/ Funktion
Verdunklung Fenster	
Tischchen in der Kreismitte	für Kerze
Kerze, Streichhölzer	für Stimmung
Windschlauch	Öde und Leere der Erde
Lampe mit Dimmer	Licht/Tag und Nacht
Oceandrum	Gott macht das Meer
Sprühflasche mit Wasser	Gott macht das Meer
Schüssel mit Erde	Gott macht das Land
Schale mit Gras, Blumen und Moos	Gott macht die Pflanzen
dicker Ast oder Baumstamm	Gott macht die Bäume
gelbes Tuch über Lampe gelegt	Sonne
blaues Tuch über Lampe gelegt	Mond
Lichterkette oder Lichternetz	Sterne
CD Tiergeräusche	Gott macht die Tiere
Felle	Gott macht die Tiere
CD Walgesänge/Delphingeräusche Geräusche unter Wasser	Gott macht die Fische
CD Vogelgezwitscher	Gott macht die Vögel
Musik-CD: klassische, pompöse Musik	Die Schöpfung ist gut gelungen

4.2.2 Fühl mal!: Die Schöpfungsgeschichte

Akteur	Material	Effekt	Text	Texthinweise
	Raum verdunkeln, Kerze, Streichhölzer, Tischchen	Kerze steht angezündet im Raum; Ruhe einkehren lassen		
			Ich erzähle euch eine Bibelgeschichte. Die Bibelgeschichte heißt: Die Schöpfungsgeschichte. Ich erzähle euch wie Gott die Welt gemacht hat. Die Bibelgeschichte geht so:	
		Kerze aus, wegräumen, Dunkelheit		
			Gott ist da.	In die Dunkelheit sprechen
	Windschlauch	Windheulen in der Mitte des Kreises	Gott macht den Himmel. Gott macht die Erde.	
	Lampe mit Dimmer	Licht wird langsam heller	Es ist dunkel. Gott spricht: Es werde Licht! Es wird hell.	

Akteur	Material	Effekt	Text	Texthinweise
Alle		Klatschen, Jubeln	Gott sieht: Es ist gut!	
	Lampe mit Dimmer	Licht langsam aus, Dunkelheit: Nacht	Da ward aus Abend und Morgen der erste Tag!	
	Lampe mit Dimmer	Licht langsam an: Tag	Ein neuer Tag beginnt.	
	Ocean-drum, Sprüh-flasche mit Wasser	Wellengeräusch in der Mitte des Kreises, Sprühflasche zu jedem Teilnehmer	Gott macht das Meer!	
	Flache Schale mit Erde	Jeden Teilnehmer Erde spüren und riechen lassen	Gott macht das Land!	
Alle		Klatschen, Jubeln	Gott sieht: Es ist gut!	
	Lampe mit Dimmer	Licht langsam aus: Nacht	Da ward aus Abend und Morgen der zweite Tag!	
	Lampe mit Dimmer	Licht langsam an: Tag	Ein neuer Tag beginnt.	

Akteur	Material	Effekt	Text	Texthinweise
	Schale mit Gras, Blumen, Moos Dicker Ast oder Baum-stamm	1. Akteur: Schale zu jedem Teilnehmer: Spüren und riechen lassen 2. Akteur: Baumstamm jedem Teilnehmer auf den Schoß legen, betasten lassen	Gott macht die Bäume. Gott macht die Blumen.	
Alle		Klatschen, Jubeln	Gott sieht: Es ist gut!	
	Lampe mit Dimmer	Licht langsam aus: Nacht	Da ward aus Abend und Morgen der dritte Tag.	
	Lampe mit Dimmer	Licht langsam an: Tag	Ein neuer Tag beginnt.	
	Gelbes Tuch, Wärm-flasche	Gelbes Tuch über Lampe; Wärmflasche zu jedem Teilnehmer	Gott macht die Sonne. Gott macht die warme, warme Sonne.	
	Blaues Tuch	Blaues Tuch über Lampe	Gott macht den Mond.	

Akteur	Material	Effekt	Text	Texthinweise
	Lichter-netz oder Lichter-kette	Lichternetz wie einen Sternenhimmel über den Kopf jedes Teilnehmers halten (2 Akteure)	Gott macht die Sterne.	
Alle		Klatschen, Jubeln	Gott sieht: Es ist gut!	
	Lampe mit Dimmer	Licht langsam aus: Nacht	Da ward aus Abend und Morgen der vierte Tag.	
	Lampe mit Dimmer	Licht langsam an: Tag	Ein neuer Tag beginnt.	
	CD Tier-geräusche, 2 Felle	Verschiedene Tiergeräusche abspielen; Jeden Teilnehmer Fell fühlen lassen (2 Akteure)	Gott macht die Tiere.	
	CD Fisch-geräusche, Geöffnete Fisch-konserve	Verschiedene Fischgeräusche abspielen; Jeden Teilnehmer Fisch riechen lassen	Gott macht die Fische im Meer.	
	CD Vogel-stimmen	Vogelstimmen abspielen	Gott macht die Vögel im Himmel.	

Akteur	Material	Effekt	Text	Texthinweise
Alle		Klatschen, Jubeln	Gott sieht: Es ist gut!	
	Lampe mit Dimmer	Licht langsam aus: Nacht	Da ward aus Abend und Morgen der fünfte Tag!	
	Lampe mit Dimmer	Licht langsam an: Tag	Ein neuer Tag beginnt.	
			Gott macht den Menschen. Gott macht den Mann. Und Gott macht die Frau.	
		Passend zum Text das jeweilige Körperteil des Teilnehmers anfassen, abklopfen, ausstreichen. … Fühlbar machen! (2–3 Akteure) **Hand aufs Brustbein und Satz zusprechen:**	Gott macht den Kopf. Gott macht die Schultern. Gott macht die Arme. Gott macht den Bauch. Gott macht die Füße. **Gott macht …… (Namen einsetzen).**	
Alle		Klatschen, Jubeln	Gott sieht: Es ist sehr gut!	
	Lampe mit Dimmer	Licht langsam aus: Nacht	Da ward aus Abend und Morgen der sechste Tag!	

Akteur	Material	Effekt	Text	Texthinweise
	Lampe mit Dimmer	Licht langsam an: Tag	Ein neuer Tag beginnt.	
	Musik-CD: Klassische, pompöse Musik! Schale mit Moos, Felle	Musik an, dann Musik leiser, dann Text, dann die Angebote Aber nicht alles zu allen!	Gott schaut die Erde an. Die Erde ist wunderschön! Die Tiere sind wunderschön! Alle Menschen sind wunderschön!	
	Musik	Musik bleibt an	Gott freut sich.	
		Musik aus	Da ward aus Abend und Morgen der siebte Tag	
			Das war die Schöpfungsgeschichte. Jetzt ist die Bibel-Geschichte aus. (2x)	
		Nachspüren		
		Verdunkelung aufheben		

4.2.3 Leichte Sprache: Die Schöpfungs·geschichte

Ich erzähle euch eine Bibel·geschichte.
Diese Bibel·geschichte heißt:
Die Schöpfungs·geschichte.
  Das heißt:
  Ich erzähle euch:
    So hat Gott die Welt gemacht.
Die Bibel·geschichte geht so:

Gott ist da.
Gott macht den Himmel.
Und Gott macht die Erde.
Aber es ist noch dunkel.
Gott sagt:
  Es werde Licht!
Und es wird hell.
Gott sieht:
  Es ist gut.
So ist aus Abend und Morgen der erste Tag geworden.

Ein neuer Tag beginnt.
Gott macht das Meer.
Und Gott macht das Land.
Gott sieht:
  Es ist gut.
So ist aus Abend und Morgen der zweite Tag geworden.

Ein neuer Tag beginnt.
Gott macht die Bäume.
Und Gott macht die Blumen.
Gott sieht:
  Es ist gut.
So ist aus Abend und Morgen der dritte Tag geworden.

Ein neuer Tag beginnt.
Gott macht die warme Sonne.
Gott macht den Mond.
Und Gott macht die Sterne.
Gott sieht:
  Es ist gut.
So ist aus Abend und Morgen der vierte Tag geworden.

Ein neuer Tag beginnt.
Gott macht die Tiere.
Gott macht die Fische im Meer.
Und Gott macht die Vögel im Himmel.
Gott sieht:
  Es ist gut.
So ist aus Abend und Morgen der fünfte Tag geworden.

Ein neuer Tag beginnt.
Gott macht den Menschen.
Gott macht den Mann.
Und Gott macht die Frau.
Gott macht den Kopf von dem Mann und von der Frau.
Gott macht die Schultern von dem Mann und von der Frau.
Gott macht die Arme von dem Mann und von der Frau.
Gott macht den Bauch von dem Mann und von der Frau.
Und Gott macht die Füße von dem Mann und von der Frau.
Gott gibt dem Mann und der Frau einen Namen.
Gott nennt den Mann: Adam.
Und Gott nennt die Frau: Eva.
Gott sieht:
  Es ist sehr gut.
So ist aus Abend und Morgen der sechste Tag geworden.

Ein neuer Tag beginnt.
Gott schaut die Erde an.
Die Erde ist wunderschön.
Die Tiere sind wunderschön.
Und alle Menschen sind wunderschön.
Gott freut sich.
So ist aus Abend und Morgen der siebte Tag geworden.

Das war die Schöpfungs·geschichte.

4.3 Die Ostergeschichte (Matthäus 26; 27; 28, 1–15)

26

36 Da kam Jesus mit ihnen zu einem Garten, der hieß Gethsemane, und sprach zu den Jüngern: Setzt euch hierher, solange ich dorthin gehe und bete.

37 Und er nahm mit sich Petrus und die zwei Söhne des Zebedäus und fing an zu trauern und zu zagen.

38 Da sprach Jesus zu ihnen: Meine Seele ist betrübt bis an den Tod; bleibt hier und wachet mit mir!

39 Und er ging ein wenig weiter, fiel nieder auf sein Angesicht und betete und sprach: **Mein Vater, ist's möglich, so gehe dieser Kelch an mir vorüber; doch nicht, wie ich will, sondern wie du willst!**

40 Und er kam zu seinen Jüngern und fand sie schlafend und sprach zu Petrus: Konntet ihr denn nicht eine Stunde mit mir wachen?

41 **Wachet und betet, dass ihr nicht in Anfechtung fallt! Der Geist ist willig; aber das Fleisch ist schwach.**

42 Zum zweiten Mal ging er wieder hin, betete und sprach: Mein Vater, ist's nicht möglich, dass dieser Kelch vorübergehe, ohne dass ich ihn trinke, so geschehe dein Wille!

43 Und er kam und fand sie abermals schlafend, und ihre Augen waren voller Schlaf.

44 Und er ließ sie und ging wieder hin und betete zum dritten Mal und redete abermals dieselben Worte.

45 Dann kam er zu den Jüngern und sprach zu ihnen: Ach, wollt ihr weiter schlafen und ruhen? Siehe, die Stunde ist da, dass der Menschensohn in die Hände der Sünder überantwortet wird.

46 Steht auf, lasst uns gehen! Siehe, er ist da, der mich verrät.

Jesu Gefangennahme

47 Und als er noch redete, siehe, da kam Judas, einer von den Zwölfen, und mit ihm eine große Schar mit Schwertern und mit Stangen, von den Hohenpriestern und Ältesten des Volkes.

48 Und der Verräter hatte ihnen ein Zeichen genannt und gesagt: Welchen ich küssen werde, der ist's; den ergreift.

49 Und alsbald trat er zu Jesus und sprach: Sei gegrüßt, Rabbi!, und küsste ihn.

50 Jesus aber sprach zu ihm: Mein Freund, dazu bist du gekommen? Da traten sie heran und legten Hand an Jesus und ergriffen ihn.

51 Und siehe, einer von denen, die bei Jesus waren, streckte die Hand aus und zog sein Schwert und schlug nach dem Knecht des Hohenpriesters und hieb ihm ein Ohr ab.

52 Da sprach Jesus zu ihm: Stecke dein Schwert an seinen Ort! Denn wer das Schwert nimmt, der wird durchs Schwert umkommen.

53 Oder meinst du, ich könnte meinen Vater nicht bitten, und er würde mir sogleich mehr als zwölf Legionen Engel schicken?

54 Wie würde dann aber die Schrift erfüllt, dass es so geschehen muss?

55 Zu der Stunde sprach Jesus zu der Schar: Ihr seid ausgezogen wie gegen einen Räuber mit Schwertern

und mit Stangen, mich gefangen zu nehmen? Habe
ich doch täglich im Tempel gesessen und gelehrt,
und ihr habt mich nicht ergriffen.
56 Aber das ist alles geschehen, auf dass erfüllt würden
die Schriften der Propheten. Da verließen ihn alle
Jünger und flohen.

Jesus vor dem Hohen Rat

57 Die aber Jesus ergriffen hatten, führten ihn zu dem
Hohenpriester Kaiphas, wo die Schriftgelehrten und
die Ältesten sich versammelt hatten.
58 Petrus aber folgte ihm nach von ferne bis zum Palast
des Hohenpriesters und ging hinein und setzte sich
zu den Knechten, um zu sehen, worauf es hinaus-
wollte.
59 Die Hohenpriester aber und der ganze Hohe Rat
suchten falsches Zeugnis gegen Jesus, dass sie ihn
töteten,
60 und fanden keins, obwohl viele falsche Zeugen her-
zutraten. Zuletzt aber traten zwei herzu
61 und sprachen: Er hat gesagt: Ich kann den Tempel
Gottes abbrechen und in drei Tagen aufbauen.
62 Und der Hohepriester stand auf und sprach zu ihm:
Antwortest du nichts auf das, was diese gegen dich
bezeugen?
63 Aber Jesus schwieg still. Und **der Hohepriester
sprach zu ihm: Ich beschwöre dich bei dem leben-
digen Gott, dass du uns sagst, ob du der Christus
bist, der Sohn Gottes.**
64 **Jesus sprach zu ihm: Du sagst es. Doch sage ich
euch: Von nun an werdet ihr sehen den Men-
schensohn sitzen zur Rechten der Kraft und kom-
men auf den Wolken des Himmels.**
65 Da zerriss der Hohepriester seine Kleider und
sprach: Er hat Gott gelästert! Was bedürfen wir wei-
terer Zeugen? Siehe, jetzt habt ihr die GotteslAste-
rung gehört.
66 Was meint ihr? Sie antworteten und sprachen: Er ist
des Todes schuldig.
67 Da spien sie ihm ins Angesicht und schlugen ihn mit
Fäusten. Einige aber schlugen ihn ins Angesicht
68 und sprachen: Weissage uns, Christus, wer ist's, der
dich schlug?

Die Verleugnung des Petrus

69 Petrus aber saß draußen im Hof. Und es trat eine
Magd zu ihm und sprach: Und du warst auch mit
dem Jesus aus Galiläa.
70 Er leugnete aber vor ihnen allen und sprach: Ich
weiß nicht, was du sagst.
71 Als er aber hinausging in die Torhalle, sah ihn eine
andere und sprach zu denen, die da waren: Dieser
war auch mit dem Jesus von Nazareth.
72 Und er leugnete abermals und schwor dazu: Ich
kenne den Menschen nicht.
73 Und nach einer kleinen Weile traten hinzu, die da
standen, und sprachen zu Petrus: Wahrhaftig, du bist
auch einer von denen, denn deine Sprache verrät dich.
74 Da fing er an, sich zu verfluchen und zu schwören:
Ich kenne den Menschen nicht. Und alsbald krähte
der Hahn.
75 Da dachte Petrus an das Wort, das Jesus gesagt hat-
te: Ehe der Hahn kräht, wirst du mich dreimal ver-
leugnen. Und er ging hinaus und weinte bitterlich.

Jesus vor Pilatus. Das Ende des Judas

27

1 Am Morgen aber hielten alle Hohenpriester und die
Ältesten des Volkes einen Rat über Jesus, dass sie ihn
töteten,

2 und sie banden ihn, führten ihn ab und überantworteten ihn dem Statthalter Pilatus.
3 Als Judas, der ihn verraten hatte, sah, dass er zum Tode verurteilt war, reute es ihn, und er brachte die dreißig Silberlinge den Hohenpriestern und Ältesten zurück
4 und sprach: Ich habe gesündigt, unschuldiges Blut habe ich verraten. Sie aber sprachen: Was geht uns das an? Da sieh du zu!
5 Und er warf die Silberlinge in den Tempel, ging davon und erhängte sich.
6 Aber die Hohenpriester nahmen die Silberlinge und sprachen: Es ist nicht recht, dass wir sie in den Tempelschatz legen; denn es ist Blutgeld.
7 Sie beschlossen aber, den Töpferacker davon zu kaufen zum Begräbnis für die Fremden.
8 Daher heißt dieser Acker Blutacker bis auf den heutigen Tag.
9 Da wurde erfüllt, was gesagt ist durch den Propheten Jeremia, der da spricht: „Sie nahmen die dreißig Silberlinge, den Preis, der geschätzt worden war – den hatten einige von den Israeliten geschätzt –,
10 und gaben sie für den Töpferacker, wie mir der Herr befohlen hat."
11 Jesus aber wurde vor den Statthalter gebracht; und der Statthalter fragte ihn und sprach: Bist du der König der Juden? Jesus aber sprach: Du sagst es.
12 Und als er von den Hohenpriestern und Ältesten verklagt wurde, antwortete er nichts.
13 Da sprach Pilatus zu ihm: Hörst du nicht, was sie alles gegen dich vorbringen?
14 Und er antwortete ihm nicht auf ein einziges Wort, sodass sich der Statthalter sehr verwunderte.

Jesu Verurteilung und Verspottung

15 Zum Fest aber hatte der Statthalter die Gewohnheit, dem Volk einen Gefangenen loszugeben, welchen sie wollten.
16 Sie hatten aber zu der Zeit einen berüchtigten Gefangenen, der hieß Jesus Barabbas.
17 Und als sie versammelt waren, sprach Pilatus zu ihnen: Welchen wollt ihr? Wen soll ich euch losgeben, Jesus Barabbas oder Jesus, von dem gesagt wird, er sei der Christus?
18 Denn er wusste, dass sie ihn aus Neid überantwortet hatten.
19 Und als er auf dem Richterstuhl saß, schickte seine Frau zu ihm und ließ ihm sagen: Habe du nichts zu schaffen mit diesem Gerechten; denn ich habe heute viel erlitten im Traum um seinetwillen.
20 Aber die Hohenpriester und die Ältesten überredeten das Volk, dass sie um Barabbas bitten, Jesus aber umbringen sollten.
21 Da antwortete nun der Statthalter und sprach zu ihnen: Welchen wollt ihr? Wen von den beiden soll ich euch losgeben? Sie sprachen: Barabbas!
22 Pilatus sprach zu ihnen: Was soll ich dann machen mit Jesus, von dem gesagt wird, er sei der Christus? Sie sprachen alle: Lass ihn kreuzigen!
23 Er aber sagte: Was hat er denn Böses getan? Sie schrien aber noch mehr: Lass ihn kreuzigen!
24 Da aber Pilatus sah, dass er nichts ausrichtete, sondern das Getümmel immer größer wurde, nahm er Wasser und wusch sich die Hände vor dem Volk und sprach: Ich bin unschuldig am Blut dieses Menschen; seht ihr zu!
25 Da antwortete alles Volk und sprach: Sein Blut komme über uns und unsere Kinder!
26 Da gab er ihnen Barabbas los, aber Jesus ließ er gei-

ßeln und überantwortete ihn, dass er gekreuzigt
werde.
27 Da nahmen die Soldaten des Statthalters Jesus mit
sich in das Prätorium und versammelten um ihn die
ganze Kohorte
28 und zogen ihn aus und legten ihm einen Purpur-
mantel an
29 und flochten eine Dornenkrone und setzten sie auf
sein Haupt und gaben ihm ein Rohr in seine rechte
Hand und beugten die Knie vor ihm und verspotteten
ihn und sprachen: Gegrüßet seist du, der Juden König!,
30 und spien ihn an und nahmen das Rohr und schlu-
gen damit auf sein Haupt.

Jesu Kreuzigung und Tod

31 Und als sie ihn verspottet hatten, zogen sie ihm den
Mantel aus und zogen ihm seine Kleider an und
führten ihn ab, um ihn zu kreuzigen.
32 Und als sie hinausgingen, fanden sie einen Men-
schen aus Kyrene mit Namen Simon; den zwangen
sie, dass er ihm sein Kreuz trug.
33 Und als sie an die Stätte kamen mit Namen Golga-
tha, das heißt: Schädelstätte,
34 gaben sie ihm Wein zu trinken mit Galle vermischt;
und da er's schmeckte, wollte er nicht trinken.
35 Als sie ihn aber gekreuzigt hatten, verteilten sie sei-
ne Kleider und warfen das Los darum.
36 Und sie saßen da und bewachten ihn.
37 Und oben über sein Haupt setzten sie eine Auf-
schrift mit der Ursache seines Todes: Dies ist Jesus,
der Juden König.
38 Da wurden zwei Räuber mit ihm gekreuzigt, einer
zur Rechten und einer zur Linken.
39 Die aber vorübergingen, lästerten ihn und schüttel-
ten ihre Köpfe
40 und sprachen: Der du den Tempel abbrichst und
baust ihn auf in drei Tagen, hilf dir selber, wenn du
Gottes Sohn bist, und steig herab vom Kreuz!
41 Desgleichen spotteten auch die Hohenpriester mit
den Schriftgelehrten und Ältesten und sprachen:
42 Andern hat er geholfen und kann sich selber nicht
helfen. Er ist der König von Israel, er steige nun her-
ab vom Kreuz. Dann wollen wir an ihn glauben.
43 Er hat Gott vertraut; der erlöse ihn nun, wenn er
Gefallen an ihm hat; denn er hat gesagt: Ich bin
Gottes Sohn.
44 Desgleichen schmähten ihn auch die Räuber, die
mit ihm gekreuzigt waren.
45 Von der sechsten Stunde an kam eine Finsternis
über das ganze Land bis zur neunten Stunde.
46 Und um die neunte Stunde schrie Jesus laut: Eli, Eli,
lama asabtani? Das heißt: **Mein Gott, mein Gott,
warum hast du mich verlassen?**
47 Einige aber, die da standen, als sie das hörten, spra-
chen sie: Der ruft nach Elia.
48 Und sogleich lief einer von ihnen, nahm einen
Schwamm und füllte ihn mit Essig und steckte ihn
auf ein Rohr und gab ihm zu trinken.
49 Die andern aber sprachen: Halt, lasst uns sehen, ob
Elia komme und ihm helfe!
50 Aber Jesus schrie abermals laut und verschied.
51 Und siehe, der Vorhang im Tempel zerriss in zwei
Stücke von oben an bis unten aus. Und die Erde er-
bebte, und die Felsen zerrissen,
52 und die Gräber taten sich auf und viele Leiber der
entschlafenen Heiligen standen auf
53 und gingen aus den Gräbern nach seiner Auferste-
hung und kamen in die heilige Stadt und erschienen
vielen.
54 Als aber der Hauptmann und die mit ihm Jesus be-

wachten das Erdbeben sahen und was da geschah,
erschraken sie sehr und sprachen: **Wahrlich, dieser
ist Gottes Sohn gewesen!**
55 Und es waren viele Frauen da, die von ferne zusa-
hen; die waren Jesus aus Galiläa nachgefolgt und
hatten ihm gedient;
56 unter ihnen war Maria Magdalena und Maria, die
Mutter des Jakobus und Josef, und die Mutter der
Söhne des Zebedäus.

Jesu Grablegung

57 Am Abend aber kam ein reicher Mann aus Arimat-
häa, der hieß Josef und war auch ein Jünger Jesu.
58 Der ging zu Pilatus und bat um den Leib Jesu. Da
befahl Pilatus, man sollte ihm den geben.
59 Und Josef nahm den Leib und wickelte ihn in ein
reines Leinentuch
60 und legte ihn in sein eigenes neues Grab, das er in
einen Felsen hatte hauen lassen, und wälzte einen
großen Stein vor die Tür des Grabes und ging davon.
61 Es waren aber dort Maria Magdalena und die andere
Maria; die saßen dem Grab gegenüber.

Die Bewachung des Grabes

62 Am nächsten Tag, der auf den Rüsttag folgt, versam-
melten sich die Hohenpriester und die Pharisäer bei
Pilatus
63 und sprachen: Herr, wir haben daran gedacht, dass
dieser Verführer sprach, als er noch lebte: Nach drei
Tagen werde ich auferweckt.
64 Darum befiehl, dass man das Grab bewache bis zum
dritten Tag, damit nicht seine Jünger kommen und
ihn stehlen und zum Volk sagen: Er ist auferstanden
von den Toten, und der letzte Betrug ärger wird als
der erste.
65 Pilatus sprach zu ihnen: Da habt ihr die Wache; geht
hin und bewacht es, so gut ihr könnt.
66 Sie gingen hin und sicherten das Grab mit der Wa-
che und versiegelten den Stein.

Jesu Auferstehung

28

1 Als aber der Sabbat vorüber war und der erste Tag
der Woche anbrach, kamen Maria Magdalena und
die andere Maria, um nach dem Grab zu sehen.
2 Und siehe, es geschah ein großes Erdbeben. Denn
ein Engel des Herrn kam vom Himmel herab, trat
hinzu und wälzte den Stein weg und setzte sich dar-
auf.
3 Seine Erscheinung war wie der Blitz und sein Ge-
wand weiß wie der Schnee.
4 Die Wachen aber erbebten aus Furcht vor ihm und
wurden, als wären sie tot.
5 Aber der Engel sprach zu den Frauen: Fürchtet euch
nicht! Ich weiß, dass ihr Jesus, den Gekreuzigten,
sucht.
6 Er ist nicht hier; er ist auferstanden, wie er gesagt
hat. Kommt und seht die Stätte, wo er gelegen hat;
7 und geht eilends hin und sagt seinen Jüngern: Er ist
auferstanden von den Toten. Und siehe, er geht vor
euch hin nach Galiläa; da werdet ihr ihn sehen. Sie-
he, ich habe es euch gesagt.
8 Und sie gingen eilends weg vom Grab mit Furcht
und großer Freude und liefen, um es seinen Jüngern
zu verkündigen.
9 Und siehe, da begegnete ihnen Jesus und sprach:
Seid gegrüßt! Und sie traten zu ihm und umfassten
seine Füße und fielen vor ihm nieder.
10 Da sprach Jesus zu ihnen: Fürchtet euch nicht! Geht
hin und verkündigt es meinen Brüdern, dass sie

nach Galiläa gehen: Dort werden sie mich sehen.
11 Als sie aber hingingen, siehe, da kamen einige von
der Wache in die Stadt und verkündeten den Ho-
henpriestern alles, was geschehen war.
12 Und die kamen mit den Ältesten zusammen, hielten
Rat und gaben den Soldaten viel Geld
13 und sprachen: Sagt, seine Jünger sind in der Nacht
gekommen und haben ihn gestohlen, während wir
schliefen.
14 Und wenn es dem Statthalter zu Ohren kommt,
wollen wir ihn beschwichtigen und dafür sorgen,
dass ihr nichts zu fürchten habt.
15 Sie nahmen das Geld und taten, wie sie angewiesen
waren. Und dies Gerücht hat sich bei Juden verbrei-
tet bis auf den heutigen Tag.

4.3.1 Materialliste: Die Ostergeschichte

Material	Bedeutung/ Funktion
Verdunkelung Fenster	trübe Stimmung, Düsternis, Spannung
grünes Tuch mit „Berg“ (z. B. Tischchen) in der Mitte des Kreises	Golgatha
optional: Olivenbaum in die Mitte	Gethsemane
dimmbare Lampe	Tag und Nacht
CD Eingangsmusik: Händel Largo F-Dur (aus Xerxes)	Trauer, Spannung
2 Olivenhölzer	Geruch des Olivenhains, begreifbarer Ort
Lied: Bleibet hier und wachet mit mir	
feste Schuhe	Soldatenstiefel
2 Gewichtsäckchen	schwere Last
Holzkreuz	
2 Bürsten	Schmerzen, unangenehmes, leicht erschreckendes Gefühl
Keyboard – tiefer Ton	Angst
Kerze, Streichhölzer	Kerze an: Zeichen für Leben und Hoffnung; Kerze aus: Zeichen für Sterben
Lied: Meine Hoffnung, meine Freude	
Gong	Großes ist passiert!
Becken, Schlegel	Achtung!
helle Lampe mit weißem Tuch darüber	Engel

Osterkerze	Christus ist auferstanden!
Lied: Christus resurrexit	
Lied: Die Sonne geht auf, Christ ist erstanden...	

Hinweis:
Die Ostergeschichte wird in diesem Kapitel als zusammenhängende längere Erzählung mit Kreuzigung, Tod und Auferstehung gestaltet.
Alternativ bieten wir in den Kapiteln 4.4 und 4.5 die Passions- und die Auferstehungsgeschichte als getrennte Geschichten an.

4.3.2 Fühl mal!: Die Ostergeschichte

Akteur	Material	Effekt	Erzähltext	Texthinweise
	CD Spieler CD Eingangs-musik	Musik an		
	Tischchen mit grüner Decke, Lampe	Lampe an, Musik aus, Ruhe einkehren lassen		
			Ich erzähle euch eine Bibelgeschichte. (2x) Diese Bibelgeschichte heißt: Die Ostergeschichte. Die Bibelgeschichte geht so:	
	2 Oliven-hölzer	Jeden Teilnehmer fühlen und riechen lassen	Jesus ist im Garten Gethsemane. Im Garten Gethsemane wachsen viele Olivenbäume.	
		Lied: Bleibet hier und wachet mit mir		
	feste Schuhe an den Füßen eines Akteurs	Durch den Kreis stampfen	Da kommen Soldaten zu Jesus!	
		Zu jedem Teilnehmer hinstampfen und am Handgelenk packen	Die Soldaten packen Jesus!	

Akteur	Material	Effekt	Erzähltext	Texthinweise
	2–3 Personen platzieren sich an verschiedenen Stellen im Raum	Aus allen Ecken rufen, „Marktplatzeffekt“	Auf der Straße rufen die Leute: Jesus lügt! Jesus ist nicht Gottes Sohn! Jesus ist nicht der Sohn von Gott!	Stimmen Leute
		Zusammen rufen:	Die Leute sind wütend. Die Leute rufen: Jesus soll sterben!	Stimmen Leute
		Schwere, schleppende Schritte im Kreis, jammern, stöhnen	Jesus muss einen schweren, schweren Weg gehen. Jesus muss auf den Berg Golgatha gehen.	
	2 Gewichtsäckchen	Gewicht auf die Schulter von jedem Teilnehmer	Jesus trägt ein großes Kreuz aus Holz. Das Kreuz ist sehr schwer. Jesus fällt jeder Schritt schwer.	
	Holzkreuz	Jeden Teilnehmer Kreuz fühlen lassen, dann auf den Tisch in die Mitte stellen	Auf dem Berg Golgatha wird Jesus an das Kreuz geschlagen.	
	Lampe	Lampe aus, Dunkelheit	Jesus wird an das Kreuz geschlagen.	
	2 Bürsten	Jeden Teilnehmer mit der Bürste am Handrücken leicht piksen	Jesus hat schreckliche Schmerzen.	

Akteur	Material	Effekt	Erzähltext	Texthinweise
	Keyboard	Tiefer, durchgehender Ton mit dem Keyboard	Jesus ist ganz allein. Jesus hat große Angst.	
			Jesus ruft: Mein Gott, mein Gott, warum hast du mich verlassen?	Stimme Jesus
	Kerze, Streich-hölzer	Kerze anzünden, mit Kerze zu jedem Teilnehmer		
		Lied: Meine Hoffnung meine Freude		
			Jesus sagt: Vater, ich befehle meinen Geist in deine Hände! Jesus sagt: Ich habe keine Angst mehr!	Stimme Jesus Stimme Jesus
	Kerze Gong	Kerze aus, Gong schlagen, die Stille danach aushalten!	Jesus stirbt! Jesus ist tot!	
			Jesus stirbt! Jesus ist tot!	
			PAUSE!	

Akteur	Material	Effekt	Erzähltext	Texthinweise
	Lampe	Lampe gedimmt an	Am nächsten Tag kommen zwei Frauen. Die zwei Frauen gehen zum Grab von Jesus. Die zwei Frauen sind sehr traurig. Die zwei Frauen weinen. Die zwei Frauen sagen: Jesus ist tot!	
	Becken, Schlegel	Auf das Becken schlagen	Aber was ist das? Die zwei Frauen kriegen einen Schreck! Das Grab ist leer! Wo ist Jesus?	
	helle Lampe mit weißem Tuch darüber	Lampe an Lampe aus	Auf einmal sind da zwei Engel! Die Engel sagen: Jesus lebt! Jesus ist nicht tot. Jesus ist wieder bei den Menschen. Jesus lebt!	
		Lied: Christus resurrexit		
	Kerze	Kerze wieder an! abwechselnd rufen	Die zwei Frauen freuen sich! Die zwei Frauen rufen: Jesus lebt. Jesus ist nicht tot! Jesus ist auferstanden!	 Stimmen Frauen

Akteur	Material	Effekt	Erzähltext	Texthinweise
	Kerze	**Ostersegen: mit Kerze zu jedem Teilnehmer, Segen zusprechen, mit Berührung an Schulter oder Kopf**	**>Name< Jesus ist auferstanden, er ist wahrhaftig auferstanden!**	
	Osterkerze	Osterkerze in der Mitte mit der kleinen Kerze anzünden		
		Lied: „Die Sonne geht auf, Christ ist erstanden …“		
	in der Mitte: Tischchen mit grünem Tuch, Kreuz, Kerze, Olivenholz		Das war die Ostergeschichte. Jetzt ist die Bibelgeschichte aus. (2x)	
		Nachspüren		

4.3.3 Leichte Sprache: Die Oster·geschichte

Ich erzähle euch eine Bibel·geschichte.
Ich erzähle euch die Geschichte von Ostern.
Ostern ist ein christlicher Feier·tag.
Und Ostern ist jedes Jahr im Frühling.
An Ostern feiern Christen die Auferstehung von Jesus.
Die Christen glauben nämlich:
Jesus ist gestorben.
Aber dann ist Jesus wieder lebendig geworden.
Dazu sagt man auch: Auferstehung.
Diese Bibel·geschichte heißt:
Die Oster·geschichte.
Die Bibel·geschichte geht so:

Jesus ist im Garten Gethsemane.
Gethsemane ist ein Ort in Jerusalem.
Da kommen Soldaten zu Jesus.
Die Soldaten nehmen Jesus mit Gewalt mit.
Auf der Straße rufen die Leute:
Jesus lügt!
Jesus ist **nicht** der Sohn von Gott!
Die Leute sind wütend.
Und die Leute rufen:
Jesus soll sterben!

Jesus muss einen sehr schweren Weg gehen.
Jesus muss nämlich auf den Berg Golgatha gehen.
Auf dem Berg Golgatha soll Jesus sterben.
Jesus trägt auf dem Rücken ein großes Kreuz aus Holz.
Dieses Kreuz ist sehr schwer.
Deshalb fällt Jesus jeder Schritt schwer.
Auf dem Berg Golgatha wird Jesus an das Kreuz geschlagen.
Jesus hat schreckliche Schmerzen.
Jesus ist ganz allein.
Und Jesus hat große Angst.
Jesus ruft:
Mein Gott!
Warum hast du mich verlassen?
Vater!
Erlöse mich von diesen Schmerzen.
Nimm mich zu dir.
Dann sagt Jesus:
Ich habe **keine** Angst mehr.
Einige Zeit später ist Jesus tot.

Jesus wird von seinen Freunden vom Kreuz genommen.
Jesus wird in ein Grab gelegt.
Jesus wird also beerdigt.

Am nächsten Tag kommen 2 Frauen.
Die 2 Frauen gehen zum Grab von Jesus.
Die 2 Frauen sind sehr traurig.
Und die 2 Frauen weinen.
Die 2 Frauen sagen:
Jesus ist tot.
Plötzlich erschrecken die 2 Frauen.
Das Grab ist nämlich leer!
Und Jesus ist weg.

Dann erscheinen 2 Engel.
Die Engel sagen zu den 2 Frauen:
Jesus ist **nicht** tot.
Jesus ist wieder bei den Menschen.
Jesus lebt.
Die 2 Frauen freuen sich.

Die 2 Frauen rufen:
Jesus lebt!
Jesus ist **nicht** tot!
Jesus ist auferstanden!

Das war die Oster·geschichte.

4.4 Die Passionsgeschichte (Matthäus 26, 36–75; 27)

Jesus in Gethsemane

26

36 Da kam Jesus mit ihnen zu einem Garten, der hieß Gethsemane, und sprach zu den Jüngern: Setzt euch hierher, solange ich dorthin gehe und bete.

37 Und er nahm mit sich Petrus und die zwei Söhne des Zebedäus und fing an zu trauern und zu zagen.

38 Da sprach Jesus zu ihnen: Meine Seele ist betrübt bis an den Tod; bleibt hier und wachet mit mir!

39 Und er ging ein wenig weiter, fiel nieder auf sein Angesicht und betete und sprach: Mein Vater, ist's möglich, so gehe dieser Kelch an mir vorüber; doch nicht, wie ich will, sondern wie du willst!

40 Und er kam zu seinen Jüngern und fand sie schlafend und sprach zu Petrus: Konntet ihr denn nicht eine Stunde mit mir wachen?

41 Wachet und betet, dass ihr nicht in Anfechtung fallt! Der Geist ist willig; aber das Fleisch ist schwach.

42 Zum zweiten Mal ging er wieder hin, betete und sprach: Mein Vater, ist's nicht möglich, dass dieser Kelch vorübergehe, ohne dass ich ihn trinke, so geschehe dein Wille!

43 Und er kam und fand sie abermals schlafend, und ihre Augen waren voller Schlaf.

44 Und er ließ sie und ging wieder hin und betete zum dritten Mal und redete abermals dieselben Worte.

45 Dann kam er zu den Jüngern und sprach zu ihnen: Ach, wollt ihr weiter schlafen und ruhen? Siehe, die Stunde ist da, dass der Menschensohn in die Hände der Sünder überantwortet wird.

46 Steht auf, lasst uns gehen! Siehe, er ist da, der mich verrät.

Jesu Gefangennahme

47 Und als er noch redete, siehe, da kam Judas, einer von den Zwölfen, und mit ihm eine große Schar mit Schwertern und mit Stangen, von den Hohenpriestern und Ältesten des Volkes.

48 Und der Verräter hatte ihnen ein Zeichen genannt und gesagt: Welchen ich küssen werde, der ist's; den ergreift.

49 Und alsbald trat er zu Jesus und sprach: Sei gegrüßt, Rabbi!, und küsste ihn.

50 Jesus aber sprach zu ihm: Mein Freund, dazu bist du gekommen? Da traten sie heran und legten Hand an Jesus und ergriffen ihn.

51 Und siehe, einer von denen, die bei Jesus waren, streckte die Hand aus und zog sein Schwert und schlug nach dem Knecht des Hohenpriesters und hieb ihm ein Ohr ab.

52 Da sprach Jesus zu ihm: Stecke dein Schwert an seinen Ort! Denn wer das Schwert nimmt, der wird durchs Schwert umkommen.

53 Oder meinst du, ich könnte meinen Vater nicht bitten, und er würde mir sogleich mehr als zwölf Legionen Engel schicken?

54 Wie würde dann aber die Schrift erfüllt, dass es so geschehen muss?

55 Zu der Stunde sprach Jesus zu der Schar: Ihr seid ausgezogen wie gegen einen Räuber mit Schwertern

und mit Stangen, mich gefangen zu nehmen? Habe
ich doch täglich im Tempel gesessen und gelehrt,
und ihr habt mich nicht ergriffen.
56 Aber das ist alles geschehen, auf dass erfüllt würden
die Schriften der Propheten. Da verließen ihn alle
Jünger und flohen.

Jesus vor dem Hohen Rat

57 Die aber Jesus ergriffen hatten, führten ihn zu dem
Hohenpriester Kaiphas, wo die Schriftgelehrten und
die Ältesten sich versammelt hatten.
58 Petrus aber folgte ihm nach von ferne bis zum Palast
des Hohenpriesters und ging hinein und setzte sich
zu den Knechten, um zu sehen, worauf es hinaus-
wollte.
59 Die Hohenpriester aber und der ganze Hohe Rat
suchten falsches Zeugnis gegen Jesus, dass sie ihn
töteten,
60 und fanden keins, obwohl viele falsche Zeugen her-
zutraten. Zuletzt aber traten zwei herzu
61 und sprachen: Er hat gesagt: Ich kann den Tempel
Gottes abbrechen und in drei Tagen aufbauen.
62 Und der Hohepriester stand auf und sprach zu ihm:
Antwortest du nichts auf das, was diese gegen dich
bezeugen?
63 Aber Jesus schwieg still. Und der Hohepriester
sprach zu ihm: Ich beschwöre dich bei dem lebendi-
gen Gott, dass du uns sagst, ob du der Christus bist,
der Sohn Gottes.
64 Jesus sprach zu ihm: Du sagst es. Doch sage ich
euch: Von nun an werdet ihr sehen den Menschen-
sohn sitzen zur Rechten der Kraft und kommen auf
den Wolken des Himmels.
65 Da zerriss der Hohepriester seine Kleider und
sprach: Er hat Gott gelästert! Was bedürfen wir wei-
terer Zeugen? Siehe, jetzt habt ihr die Gottesläste-
rung gehört.
66 Was meint ihr? Sie antworteten und sprachen: Er ist
des Todes schuldig.
67 Da spien sie ihm ins Angesicht und schlugen ihn mit
Fäusten. Einige aber schlugen ihn ins Angesicht
68 und sprachen: Weissage uns, Christus, wer ist's, der
dich schlug?

Die Verleugnung des Petrus

69 Petrus aber saß draußen im Hof. Und es trat eine
Magd zu ihm und sprach: Und du warst auch mit
dem Jesus aus Galiläa.
70 Er leugnete aber vor ihnen allen und sprach: Ich
weiß nicht, was du sagst.
71 Als er aber hinausging in die Torhalle, sah ihn eine
andere und sprach zu denen, die da waren: Dieser
war auch mit dem Jesus von Nazareth.
72 Und er leugnete abermals und schwor dazu: Ich
kenne den Menschen nicht.
73 Und nach einer kleinen Weile traten hinzu, die da
standen, und sprachen zu Petrus: Wahrhaftig, du bist
auch einer von denen, denn deine Sprache verrät dich.
74 Da fing er an, sich zu verfluchen und zu schwören:
Ich kenne den Menschen nicht. Und alsbald krähte
der Hahn.
75 Da dachte Petrus an das Wort, das Jesus gesagt hat-
te: Ehe der Hahn kräht, wirst du mich dreimal ver-
leugnen. Und er ging hinaus und weinte bitterlich.

Jesus vor Pilatus. Das Ende des Judas

27

1 Am Morgen aber hielten alle Hohenpriester und die
Ältesten des Volkes einen Rat über Jesus, dass sie ihn
töteten,

2 und sie banden ihn, führten ihn ab und überantworteten ihn dem Statthalter Pilatus.
3 Als Judas, der ihn verraten hatte, sah, dass er zum Tode verurteilt war, reute es ihn, und er brachte die dreißig Silberlinge den Hohenpriestern und Ältesten zurück
4 und sprach: Ich habe gesündigt, unschuldiges Blut habe ich verraten. Sie aber sprachen: Was geht uns das an? Da sieh du zu!
5 Und er warf die Silberlinge in den Tempel, ging davon und erhängte sich.
6 Aber die Hohenpriester nahmen die Silberlinge und sprachen: Es ist nicht recht, dass wir sie in den Tempelschatz legen; denn es ist Blutgeld.
7 Sie beschlossen aber, den Töpferacker davon zu kaufen zum Begräbnis für die Fremden.
8 Daher heißt dieser Acker Blutacker bis auf den heutigen Tag.
9 Da wurde erfüllt, was gesagt ist durch den Propheten Jeremia, der da spricht: „Sie nahmen die dreißig Silberlinge, den Preis, der geschätzt worden war – den hatten einige von den Israeliten geschätzt –,
10 und gaben sie für den Töpferacker, wie mir der Herr befohlen hat."
11 Jesus aber wurde vor den Statthalter gebracht; und der Statthalter fragte ihn und sprach: Bist du der König der Juden? Jesus aber sprach: Du sagst es.
12 Und als er von den Hohenpriestern und Ältesten verklagt wurde, antwortete er nichts.
13 Da sprach Pilatus zu ihm: Hörst du nicht, was sie alles gegen dich vorbringen?
14 Und er antwortete ihm nicht auf ein einziges Wort, sodass sich der Statthalter sehr verwunderte.

Jesu Verurteilung und Verspottung

15 Zum Fest aber hatte der Statthalter die Gewohnheit, dem Volk einen Gefangenen loszugeben, welchen sie wollten.
16 Sie hatten aber zu der Zeit einen berüchtigten Gefangenen, der hieß Jesus Barabbas.
17 Und als sie versammelt waren, sprach Pilatus zu ihnen: Welchen wollt ihr? Wen soll ich euch losgeben, Jesus Barabbas oder Jesus, von dem gesagt wird, er sei der Christus?
18 Denn er wusste, dass sie ihn aus Neid überantwortet hatten.
19 Und als er auf dem Richterstuhl saß, schickte seine Frau zu ihm und ließ ihm sagen: Habe du nichts zu schaffen mit diesem Gerechten; denn ich habe heute viel erlitten im Traum um seinetwillen.
20 Aber die Hohenpriester und die Ältesten überredeten das Volk, dass sie um Barabbas bitten, Jesus aber umbringen sollten.
21 Da antwortete nun der Statthalter und sprach zu ihnen: Welchen wollt ihr? Wen von den beiden soll ich euch losgeben? Sie sprachen: Barabbas!
22 Pilatus sprach zu ihnen: Was soll ich dann machen mit Jesus, von dem gesagt wird, er sei der Christus? Sie sprachen alle: Lass ihn kreuzigen!
23 Er aber sagte: Was hat er denn Böses getan? Sie schrien aber noch mehr: Lass ihn kreuzigen!
24 Da aber Pilatus sah, dass er nichts ausrichtete, sondern das Getümmel immer größer wurde, nahm er Wasser und wusch sich die Hände vor dem Volk und sprach: Ich bin unschuldig am Blut dieses Menschen; seht ihr zu!
25 Da antwortete alles Volk und sprach: Sein Blut komme über uns und unsere Kinder!
26 Da gab er ihnen Barabbas los, aber Jesus ließ er gei-

ßeln und überantwortete ihn, dass er gekreuzigt
werde.
27 Da nahmen die Soldaten des Statthalters Jesus mit
sich in das Prätorium und versammelten um ihn die
ganze Kohorte
28 und zogen ihn aus und legten ihm einen Purpur-
mantel an
29 und flochten eine Dornenkrone und setzten sie auf
sein Haupt und gaben ihm ein Rohr in seine rechte
Hand und beugten die Knie vor ihm und verspotteten
ihn und sprachen: Gegrüßet seist du, der Juden König!,
30 und spien ihn an und nahmen das Rohr und schlu-
gen damit auf sein Haupt.

Jesu Kreuzigung und Tod

31 Und als sie ihn verspottet hatten, zogen sie ihm den
Mantel aus und zogen ihm seine Kleider an und
führten ihn ab, um ihn zu kreuzigen.
32 Und als sie hinausgingen, fanden sie einen Men-
schen aus Kyrene mit Namen Simon; den zwangen
sie, dass er ihm sein Kreuz trug.
33 Und als sie an die Stätte kamen mit Namen Golga-
tha, das heißt: Schädelstätte,
34 gaben sie ihm Wein zu trinken mit Galle vermischt;
und da er's schmeckte, wollte er nicht trinken.
35 Als sie ihn aber gekreuzigt hatten, verteilten sie sei-
ne Kleider und warfen das Los darum.
36 Und sie saßen da und bewachten ihn.
37 Und oben über sein Haupt setzten sie eine Auf-
schrift mit der Ursache seines Todes: Dies ist Jesus,
der Juden König.
38 Da wurden zwei Räuber mit ihm gekreuzigt, einer
zur Rechten und einer zur Linken.
39 Die aber vorübergingen, lästerten ihn und schüttel-
ten ihre Köpfe
40 und sprachen: Der du den Tempel abbrichst und
baust ihn auf in drei Tagen, hilf dir selber, wenn du
Gottes Sohn bist, und steig herab vom Kreuz!
41 Desgleichen spotteten auch die Hohenpriester mit
den Schriftgelehrten und Ältesten und sprachen:
42 Andern hat er geholfen und kann sich selber nicht
helfen. Er ist der König von Israel, er steige nun her-
ab vom Kreuz. Dann wollen wir an ihn glauben.
43 Er hat Gott vertraut; der erlöse ihn nun, wenn er
Gefallen an ihm hat; denn er hat gesagt: Ich bin
Gottes Sohn.
44 Desgleichen schmähten ihn auch die Räuber, die
mit ihm gekreuzigt waren.
45 Von der sechsten Stunde an kam eine Finsternis
über das ganze Land bis zur neunten Stunde.
46 Und um die neunte Stunde schrie Jesus laut: Eli, Eli,
lama asabtani? Das heißt: Mein Gott, mein Gott, wa-
rum hast du mich verlassen?
47 Einige aber, die da standen, als sie das hörten, spra-
chen sie: Der ruft nach Elia.
48 Und sogleich lief einer von ihnen, nahm einen
Schwamm und füllte ihn mit Essig und steckte ihn
auf ein Rohr und gab ihm zu trinken.
49 Die andern aber sprachen: Halt, lasst uns sehen, ob
Elia komme und ihm helfe!
50 Aber Jesus schrie abermals laut und verschied.
51 Und siehe, der Vorhang im Tempel zerriss in zwei
Stücke von oben an bis unten aus. Und die Erde er-
bebte, und die Felsen zerrissen,
52 und die Gräber taten sich auf und viele Leiber der
entschlafenen Heiligen standen auf
53 und gingen aus den Gräbern nach seiner Auferste-
hung und kamen in die heilige Stadt und erschienen
vielen.
54 Als aber der Hauptmann und die mit ihm Jesus be-

wachten das Erdbeben sahen und was da geschah,
erschraken sie sehr und sprachen: Wahrlich, dieser
ist Gottes Sohn gewesen!
55 Und es waren viele Frauen da, die von ferne zusahen; die waren Jesus aus Galiläa nachgefolgt und hatten ihm gedient;
56 unter ihnen war Maria Magdalena und Maria, die Mutter des Jakobus und Josef, und die Mutter der Söhne des Zebedäus.

Jesu Grablegung

57 Am Abend aber kam ein reicher Mann aus Arimathäa, der hieß Josef und war auch ein Jünger Jesu.
58 Der ging zu Pilatus und bat um den Leib Jesu. Da befahl Pilatus, man sollte ihm den geben.
59 Und Josef nahm den Leib und wickelte ihn in ein reines Leinentuch
60 und legte ihn in sein eigenes neues Grab, das er in einen Felsen hatte hauen lassen, und wälzte einen großen Stein vor die Tür des Grabes und ging davon.
61 Es waren aber dort Maria Magdalena und die andere Maria; die saßen dem Grab gegenüber.

Die Bewachung des Grabes

62 Am nächsten Tag, der auf den Rüsttag folgt, versammelten sich die Hohenpriester und die Pharisäer bei Pilatus
63 und sprachen: Herr, wir haben daran gedacht, dass dieser Verführer sprach, als er noch lebte: Nach drei Tagen werde ich auferweckt.
64 Darum befiehl, dass man das Grab bewache bis zum dritten Tag, damit nicht seine Jünger kommen und ihn stehlen und zum Volk sagen: Er ist auferstanden von den Toten, und der letzte Betrug ärger wird als der erste.
65 Pilatus sprach zu ihnen: Da habt ihr die Wache; geht hin und bewacht es, so gut ihr könnt.
66 Sie gingen hin und sicherten das Grab mit der Wache und versiegelten den Stein.

4.4.1 Materialliste: Die Passionsgeschichte

Material	Bedeutung/ Funktion
Verdunkelung Fenster	trübe Stimmung, Düsternis, Spannung
grünes Tuch mit „Berg“ (z. B. Tischchen) in der Mitte des Kreises	Golgatha
optional: Olivenbaum in die Mitte	Gethsemane
dimmbare Lampe	Tag und Nacht
Eingangsmusik: Händel Largo F-Dur (aus Xerxes)	Trauer, Spannung
2 Olivenhölzer	Geruch des Olivenhains, begreifbarer Ort
Lied: Bleibet hier und wachet mit mir	
feste Schuhe	Soldatenstiefel
2 Gewichtsäckchen	schwere Last
Holzkreuz	
2 Bürsten	Schmerzen, unangenehmes, leicht erschreckendes Gefühl
Keyboard – tiefer Ton	Anspannung, Düsternis, Orientierungslosigkeit
Kerze, Streichhölzer	Kerze an: Zeichen für Leben und Hoffnung; Kerze aus: Zeichen für Sterben
Lied: Meine Hoffnung, meine Freude	
Gong	Großes kündigt sich an!

Hinweis:
In diesem Kapitel bieten wir die Passionsgeschichte als ersten Teil der Ostergeschichte an, in Kapitel 4.5 folgt dann der zweite Geschichtenteil – die Auferstehung.

Die Ostergeschichte kann auch als zusammenhängende längere Erzählung mit Kreuzigung, Tod und Auferstehung gestaltet werden – diese Version finden Sie in Kapitel 4.3.

4.4.2 Fühl mal!: Die Passionsgeschichte

Akteur	Material	Effekt	Erzähltext	Texthinweise
	CD Spieler CD Eingangs-musik	Musik an		
	Tischchen mit grüner Decke, optional: Oliven-baum, Lampe	Lampe an, Musik aus, Ruhe einkehren lassen		
			Ich erzähle euch eine Bibelgeschichte. Diese Bibelgeschichte heißt: Die Passionsgeschichte. Ich erzähle euch vom Tod von Jesus.	
	2 Oliven-hölzer	Jeden Teilnehmer fühlen und riechen lassen	Jesus ist im Garten Gethsemane. Im Garten Gethsemane wachsen viele Olivenbäume.	
		Lied: Bleibet hier und wachet mit mir		
	feste Schuhe an den Füßen eines Akteurs	Durch den Kreis stampfen	Da kommen Soldaten zu Jesus.	

Akteur	Material	Effekt	Erzähltext	Texthinweise
		Zu jedem Teilnehmer hinstampfen und packen am Handgelenk	Die Soldaten packen Jesus!	
	2–3 Personen platzieren sich an verschiedenen Stellen im Raum	Aus allen Ecken rufen, „Marktplatzeffekt“	Auf der Straße rufen die Leute: Jesus lügt! Jesus ist nicht Gottes Sohn! Jesus ist nicht der Sohn von Gott!	Stimmen Leute
		Zusammen rufen:	Die Leute sind wütend: Jesus soll sterben!	Stimmen Leute
		Schwere schleppende Schritte im Kreis, jammern, stöhnen	Jesus muss einen schweren, schweren Weg gehen. Jesus muss auf den Berg Golgatha gehen.	
	2 Gewichtsäckchen	Gewicht auf die Schulter von jedem Teilnehmer	Jesus trägt ein großes Kreuz aus Holz. Das Kreuz ist sehr schwer. Jesus fällt jeder Schritt schwer.	
	Holzkreuz	Jeden Teilnehmer Kreuz fühlen lassen, dann auf den Tisch in der Mitte stellen	Auf dem Berg Golgatha wird Jesus an das Kreuz geschlagen.	

Akteur	Material	Effekt	Erzähltext	Texthinweise
	Lampe	Lampe aus, Dunkelheit	Jesus wird ans Kreuz geschlagen.	
	2 Bürsten	Jeden Teilnehmer mit der Bürste am Handrücken piksen	Jesus hat schreckliche Schmerzen.	
	Keyboard	Tiefer, durchgehender Ton mit dem Keyboard	Jesus ist ganz allein. Jesus hat große Angst.	
			Jesus ruft: Mein Gott, mein Gott, warum hast du mich verlassen?	Stimme Jesus
	Kerze, Streich-hölzer	Kerze anzünden, mit Kerze zu jedem Teilnehmer		
		Lied: Meine Hoffnung meine Freude		
			Jesus sagt: Vater, ich befehle meinen Geist in deine Hände!	Stimme Jesus
			Jesus sagt: Ich habe keine Angst mehr!	Stimme Jesus

Akteur	Material	Effekt	Erzähltext	Texthinweise
	Kerze		Jesus stirbt!	
	Gong	Kerze aus, Gong schlagen, die Stille danach aushalten!	Jesus ist tot!	
			Jesus stirbt! Jesus ist tot!	
			Das war die Passionsgeschichte. Jetzt ist die Bibel-Geschichte aus. (2x)	
		Nachspüren		

4.4.3 Leichte Sprache: Die Passions·geschichte

Ich erzähle euch eine Bibel·geschichte.
Diese Bibel·geschichte heißt: **Die Passions·geschichte.**
Das heißt:
Ich erzähle euch von dem Tod von Jesus.
Die Bibel·geschichte geht so:

Jesus ist im Garten Gethsemane.
Gethsemane ist ein Ort in Jerusalem.
Da kommen Soldaten zu Jesus.
Die Soldaten nehmen Jesus mit Gewalt mit.
Auf der Straße rufen die Leute:
Jesus lügt!
Jesus ist **nicht** der Sohn von Gott!
Die Leute sind wütend.
Und die Leute rufen:
Jesus soll sterben!

Jesus muss einen sehr schweren Weg gehen.
Jesus muss nämlich auf den Berg Golgatha gehen.
Auf dem Berg Golgatha soll Jesus sterben.
Jesus trägt auf dem Rücken ein großes Kreuz aus Holz.
Dieses Kreuz ist sehr schwer.
Deshalb fällt Jesus jeder Schritt schwer.
Auf dem Berg Golgatha wird Jesus an das Kreuz geschlagen.
Jesus hat schreckliche Schmerzen.
Jesus ist ganz allein.
Und Jesus hat große Angst.
Jesus ruft:
Mein Gott!
Warum hast du mich verlassen?
Vater!
Erlöse mich von diesen Schmerzen.
Nimm mich zu dir.
Dann sagt Jesus:
Ich habe **keine** Angst mehr.
Einige Zeit später ist Jesus tot.

Das war die Passions·geschichte.

4.5 Die Auferstehung (Matthäus 28, 1–15)

Jesu Auferstehung

28

1 Als aber der Sabbat vorüber war und der erste Tag der Woche anbrach, kamen Maria Magdalena und die andere Maria, um nach dem Grab zu sehen.

2 Und siehe, es geschah ein großes Erdbeben. Denn ein Engel des Herrn kam vom Himmel herab, trat hinzu und wälzte den Stein weg und setzte sich darauf.

3 Seine Erscheinung war wie der Blitz und sein Gewand weiß wie der Schnee.

4 Die Wachen aber erbebten aus Furcht vor ihm und wurden, als wären sie tot.

5 Aber der Engel sprach zu den Frauen: Fürchtet euch nicht! Ich weiß, dass ihr Jesus, den Gekreuzigten, sucht.

6 Er ist nicht hier; er ist auferstanden, wie er gesagt hat. Kommt und seht die Stätte, wo er gelegen hat;

7 und geht eilends hin und sagt seinen Jüngern: Er ist auferstanden von den Toten. Und siehe, er geht vor euch hin nach Galiläa; da werdet ihr ihn sehen. Siehe, ich habe es euch gesagt.

8 Und sie gingen eilends weg vom Grab mit Furcht und großer Freude und liefen, um es seinen Jüngern zu verkündigen.

9 Und siehe, da begegnete ihnen Jesus und sprach: Seid gegrüßt! Und sie traten zu ihm und umfassten seine Füße und fielen vor ihm nieder.

10 Da sprach Jesus zu ihnen: Fürchtet euch nicht! Geht hin und verkündigt es meinen Brüdern, dass sie nach Galiläa gehen: Dort werden sie mich sehen.

11 Als sie aber hingingen, siehe, da kamen einige von der Wache in die Stadt und verkündeten den Hohenpriestern alles, was geschehen war.

12 Und die kamen mit den Ältesten zusammen, hielten Rat und gaben den Soldaten viel Geld

13 und sprachen: Sagt, seine Jünger sind in der Nacht gekommen und haben ihn gestohlen, während wir schliefen.

14 Und wenn es dem Statthalter zu Ohren kommt, wollen wir ihn beschwichtigen und dafür sorgen, dass ihr nichts zu fürchten habt.

15 Sie nahmen das Geld und taten, wie sie angewiesen waren. Und dies Gerücht hat sich bei Juden verbreitet bis auf den heutigen Tag.

4.5.1 Materialliste: Die Auferstehung

Material	Bedeutung/ Funktion
Verdunklung Fenster	Jesus liegt noch im Grab
grünes Tuch mit „Berg“ (z. B. Tischchen) in der Mitte des Kreises	Golgatha
Kreuz auf dem „Berg“	
optional: Olivenbaum in die Mitte	Garten Gethsemane
dimmbare Lampe	es wird heller
Eingangsmusik: Händel Largo F-Dur (aus Xerxes)	Trauer, Spannung
Becken, Schlegel	Achtung!
helle Lampe mit weißem Tuch darüber	Engel
Kerze, Streichhölzer	Christus ist auferstanden!
Lied: Christus resurrexit	
Liedblatt: Die Sonne geht auf, Christ ist erstanden ...	

Hinweis:
In diesem Kapitel bieten wir die Auferstehungsgeschichte als zweiten Teil der Ostergeschichte an, in Kapitel 4.4 finden Sie den ersten Geschichtenteil – die Passion.
Die Ostergeschichte kann auch als zusammenhängende längere Erzählung mit Kreuzigung, Tod und Auferstehung gestaltet werden – diese Version finden Sie in Kapitel 4.3.

4.5.2 Fühl mal!: Die Auferstehung

Akteur	Material	Effekt	Text	Texthinweise
	CD Spieler, CD Eingangs-musik	Musik an		
	Tischchen mit grüner Decke und Kreuz, optional: Oliven-baum, Lampe	Musik aus, Ruhe einkehren lassen		
			Ich erzähle euch eine Bibelgeschichte. Diese Bibelgeschichte heißt: Die Auferstehung von Jesus. Die Bibelgeschichte geht so:	
			Jesus ist tot. Jesus ist auf dem Berg Golgatha gestorben. Jesus ist am Kreuz gestorben.	
	Lampe	Lampe gedimmt an	Da kommen zwei Frauen. Die zwei Frauen gehen zum Grab von Jesus. Die zwei Frauen sind sehr traurig. Die zwei Frauen weinen. Die zwei Frauen sagen: Jesus ist tot!	

Akteur	Material	Effekt	Text	Texthinweise
	Becken, Schlegel	auf das Becken schlagen	Aber was ist das? Die zwei Frauen kriegen einen Schreck! Das Grab ist leer! Wo ist Jesus?	
	helle Lampe mit weißem Tuch darüber	Lampe an Lampe aus	Auf einmal sind da zwei Engel! Die Engel sagen: Jesus lebt! Jesus ist nicht tot. Jesus ist wieder bei den Menschen. Jesus lebt!!!	
		Lied: Christus resurrexit		
	Kerze	Kerze wieder an! abwechselnd rufen	Die zwei Frauen freuen sich! Die zwei Frauen rufen: Jesus lebt. Jesus ist nicht tot! Jesus ist auferstanden!	Stimmen Frauen
	Kerze	**Ostersegen: mit Kerze zu jedem Teilnehmer, Segen zusprechen, mit Berührung an Schulter oder Kopf**	**>Name< Jesus ist auferstanden, er ist wahrhaftig auferstanden!**	

Akteur	Material	Effekt	Text	Texthinweise
	Osterkerze	Osterkerze in der Mitte mit der kleinen Kerze anzünden		
		Liedblatt: „Die Sonne geht auf, Christ ist erstanden …“		
	In der Mitte: Tischchen mit grünem Tuch, Kreuz, Kerze, Olivenholz		Das war die Ostergeschichte. Jetzt ist die Bibelgeschichte aus.	
		Nachspüren		

4.5.3 Leichte Sprache: Die Auferstehung von Jesus

Ich erzähle euch eine Bibel·geschichte.
Diese Bibel·geschichte heißt: **Die Auferstehung von Jesus.**
  Das heißt:
  Ich erzähle euch:
    Das ist nach dem Tod von Jesus passiert.
Die Bibel·geschichte geht so:

Jesus ist auf dem Berg Golgatha gestorben.
Jesus ist nämlich am Kreuz gestorben.
Am nächsten Tag kommen 2 Frauen.
Die 2 Frauen gehen zum Grab von Jesus.
Die 2 Frauen sind sehr traurig.
Und die 2 Frauen weinen.
Die 2 Frauen sagen:
  Jesus ist tot.
Plötzlich erschrecken die 2 Frauen.
Das Grab ist nämlich leer!
Und Jesus ist weg.

Dann erscheinen 2 Engel.
Die Engel sagen zu den 2 Frauen:
  Jesus ist **nicht** tot.
  Jesus ist wieder bei den Menschen.
  Jesus lebt.
Die 2 Frauen freuen sich.
Die 2 Frauen rufen:
  Jesus lebt!
  Jesus ist **nicht** tot!
  Jesus ist auferstanden!

Das war die Auferstehung von Jesus.

4.6 Die Weihnachtsgeschichte (Lukas 2, 1–20)

Jesu Geburt

2

1 Es begab sich aber zu der Zeit, dass ein Gebot von dem Kaiser Augustus ausging, dass alle Welt geschätzt würde.

2 Und diese Schätzung war die allererste und geschah zur Zeit, da Quirinius Statthalter in Syrien war.

3 Und jedermann ging, dass er sich schätzen ließe, ein jeglicher in seine Stadt.

4 Da machte sich auf auch Josef aus Galiläa, aus der Stadt Nazareth, in das judäische Land zur Stadt Davids, die da heißt Bethlehem, darum dass er von dem Hause und Geschlechte Davids war,

5 auf dass er sich schätzen ließe mit Maria, seinem vertrauten Weibe; die war schwanger.

6 Und als sie daselbst waren, kam die Zeit, dass sie gebären sollte.

7 Und sie gebar ihren ersten Sohn und wickelte ihn in Windeln und legte ihn in eine Krippe; denn sie hatten sonst keinen Raum in der Herberge.

8 Und es waren Hirten in derselben Gegend auf dem Felde bei den Hürden, die hüteten des Nachts ihre Herde.

9 Und des Herrn Engel trat zu ihnen, und die Klarheit des Herrn leuchtete um sie; und sie fürchteten sich sehr.

10 Und der Engel sprach zu ihnen: **Fürchtet euch nicht! Siehe, ich verkündige euch große Freude, die allem Volk widerfahren wird;**

11 **denn euch ist heute der Heiland geboren, welcher ist Christus, der Herr, in der Stadt Davids.**

12 Und das habt zum Zeichen: Ihr werdet finden das Kind in Windeln gewickelt und in einer Krippe liegen.

13 Und alsbald war da bei dem Engel die Menge der himmlischen Heer scharen, die lobten Gott und sprachen:

14 **Ehre sei Gott in der Höhe und Friede auf Erden bei den Menschen seines Wohlgefallens.**

15 Und da die Engel von ihnen gen Himmel fuhren, sprachen die Hirten untereinander: Lasst uns nun gehen gen Bethlehem und die Geschichte sehen, die da geschehen ist, die uns der Herr kundgetan hat.

16 Und sie kamen eilend und fanden beide, Maria und Josef, dazu das Kind in der Krippe liegen.

17 Da sie es aber gesehen hatten, breiteten sie das Wort aus, welches zu ihnen von diesem Kinde gesagt war.

18 Und alle, vor die es kam, wunderten sich über die Rede, die ihnen die Hirten gesagt hatten.

19 Maria aber behielt alle diese Worte und bewegte sie in ihrem Herzen.

20 Und die Hirten kehrten wieder um, priesen und lobten Gott für alles, was sie gehört und gesehen hatten, wie denn zu ihnen gesagt war.

4.6.1 Materialliste: Die Weihnachtsgeschichte

Material	Bedeutung/ Funktion
Weihnachtsdekoration	Stimmung
Tischchen in der Kreismitte	für Kerze
Kerze, Streichhölzer	
Weihnachtsbilder	Unterstützen die Erzählung
Beamer	zum Zeigen der Bilder
CD Weihnachtslieder instrumental	Eingangsmusik
Glockenspiel	Erscheinen des Engels
helle Lampe	der Engel
2 × Heu/Stroh	Stall
2 weiche Decken	Geborgenheit
Liedblatt: Ihr Kinderlein kommet	
2 Schaffelle	Schafe
Liedblatt: Kommet ihr Hirten	
2 Wärmflaschen	als Symbol für ein freudiges Wohlgefühl
Liedblatt: Stille Nacht	
Liedblatt: Oh, du fröhliche	

Für die Weihnachtsgeschichte stellen wir Ihnen die Bilder zum freien Download unter www.vonLoeper.de/fuehl_mal_gottes_wort zur Verfügung.

Die Weihnachtsgeschichte lässt sich aber natürlich auch ohne die Bilder erzählen.

1. Bild: Verkündigung

2. und 3. Bild: Der Weg

4. Bild: Der Weg

5. Bild: Bethlehem

6. Bild: Geburt

7. Bild: Der Engel bei den Hirten

8. Bild: Die Hirten

9. Bild: Der Stall

4.6.2 Fühl mal!: Die Weihnachtsgeschichte

Akteur	Material	Effekt	Text	Texthinweise
	CD Eingangsmusik			
	Kerzen, Streichholz	Kerze in der Kreismitte anzünden. Ruhe einkehren lassen		
			Ich erzähle euch eine Bibelgeschichte. Diese Bibelgeschichte heißt: Die Weihnachtsgeschichte. Die Bibelgeschichte geht so:	
	1. Bild: Verkündigung			
			In der Stadt Nazareth wohnen Maria und ihr Mann Josef. Maria ist daheim. Da kommt ein Engel zu Maria.	
	Glockenspiel, helle Lampe	Glockenspiel als Signal zum Erscheinen des Engels, Lampe zu jedem Teilnehmer	Der Engel sagt: Grüß Gott, Maria. Hab keine Angst! Gott schickt mich. Ich sage dir etwas Schönes: Du bekommst ein Kind. Das Kind heißt Jesus.	Stimme Engel
	2. und 3. Bild: Der Weg			

Akteur	Material	Effekt	Text	Texthinweise
		Langsam und ausdauernd laut stampfen im ganzen Raum	Maria und Josef machen eine lange, lange Reise. Sie gehen in die Stadt Bethlehem. Das Kind von Maria wird bald geboren.	
	4. Bild: Der Weg			
			Maria sagt: Ach, Josef. Ich bin so müde. Wie weit ist es denn noch?	Stimme Maria
			Josef antwortet: Bald sind wir in Bethlehem. In Bethlehem finden wir ein warmes Bett. Dann ruhen wir uns aus.	Stimme Josef
		Wieder stampfen	Doch der Weg ist weit. So weit.	
	5. Bild: Bethlehem			
		3 × klopfen	Endlich sind Maria und Josef in der Stadt Bethlehem. In Bethlehem klopfen sie an eine Tür: Josef sagt: Guten Abend. Wir sind sehr müde. Können wir hier schlafen? Aber die Leute antworten: Hier ist kein Platz. Geht weiter!	Stimme Josef

Akteur	Material	Effekt	Text	Texthinweise
		3 × klopfen	Maria und Josef klopfen an eine andere Tür. Josef sagt: Guten Abend. Wir sind sehr müde. Können wir hier schlafen? Aber die Leute antworten: Hier ist kein Platz. Geht weiter!	Stimme Josef
		3 × klopfen	Maria und Josef klopfen an eine andere Tür. Josef sagt: Guten Abend. Wir sind sehr müde. Können wir hier schlafen? Aber die Leute antworten: Hier ist kein Platz. Geht weiter!	Stimme Josef
	Heu und Stroh in Kiste	Jeden Teilnehmer fühlen lassen	Maria und Josef laufen durch die ganze Stadt Bethlehem. Josef sagt: Da! – da ist ein Stall! Josef sagt: Im Stall ruhen wir uns aus. Im Stall ist es warm. Auf dem Heu und dem Stroh ist es gemütlich.	Stimme Josef
	6. Bild: Geburt			

Akteur	Material	Effekt	Text	Texthinweise
			In dieser Nacht bekommt Maria ihr Kind. Maria sagt: Das Kind heißt Jesus.	
	Decke	Jeden Teilnehmer in eine weiche Decke einwickeln	Maria wickelt Jesus in eine weiche Decke.	
	Liedblatt	Ihr Kinderlein kommet; *Vorschlag: je 1xVor-/Nach-spiel Flöte*		
	Schaffell	Jeden Teilnehmer fühlen lassen	Bei dem Stall sind Hirten. Die Hirten passen auf die Schafe auf. Die Schafe schlafen.	
	7. Bild: Der Engel bei den Hirten			
	Glocken-spiel, Lampe	Glockenspiel als Signal zum Erscheinen des Engels Licht zu jedem Teilnehmer	Plötzlich wird es ganz hell. Ein Engel steht da. Die Hirten haben große Angst.	
			Aber der Engel sagt: Fürchtet euch nicht! Habt keine Angst! Freut euch! Heute ist Jesus geboren. Jesus ist Gottes Sohn! Geht zum Stall!	Stimme Engel

Akteur	Material	Effekt	Text	Texthinweise
	Liedblatt Metallo-phon	Lied: Kommet ihr Hirten; *Vorschlag: Begleitung Metallophon*		
	8. Bild: Die Hirten			
	vorge-wärmte Wärm-flaschen	Jeden Teilnehmer Wärme spüren lassen	Die Hirten gehen zum Stall. Die Hirten schauen das Jesuskind an. Die Hirten freuen sich über das Jesuskind. Maria und Josef freuen sich über den Besuch von den Hirten. Maria und Josef wird ganz warm vor Freude.	
	9. Bild: Der Stall			
	Liedblatt	**Stille Nacht**		
	Kerze	**Kerze zu jedem Teilnehmer, Segen zusprechen**	**Liebe/r ……, ich verkündige dir große Freude.** **Uns ist heute der Heiland geboren!**	
	Liedblatt	Oh du fröhliche		
		Kerze aus	Das war die Weihnachtsgeschichte. Jetzt ist die Bibelgeschichte aus. (2x)	
		Nachspüren		

4.6.3 Leichte Sprache: Die Weihnachts·geschichte

Ich erzähle euch eine Bibel·geschichte.
Diese Bibel·geschichte heißt: **Die Weihnachts·geschichte.**
Die Bibel·geschichte geht so:

In der Stadt Nazareth wohnen Maria und ihr Mann Josef.
Maria ist zu Hause.
Da kommt ein Engel zu Maria.
Der Engel sagt zu Maria:
  Maria.
  Hab **keine** Angst.
  Gott schickt mich.
  Ich möchte dir etwas Schönes sagen:
    Du bekommst ein Kind.
    Das Kind heißt: Jesus.

Maria und Josef machen eine sehr lange Reise.
Maria und Josef gehen in die Stadt Bethlehem.
Das Kind von Maria wird bald geboren.
Auf der Reise sagt Maria zu Josef:
  Josef.
  Ich bin so müde.
  Wie weit ist es denn noch?
Josef antwortet:
  Bald sind wir in Bethlehem.
  In Bethlehem finden wir ein warmes Bett.
  Dann ruhen wir uns aus.

Aber der Weg ist sehr weit.
Endlich sind Maria und Josef in der Stadt Bethlehem.
In Bethlehem klopfen Maria und Josef an eine Tür.
Maria und Josef sagen:
  Guten Abend.
  Wir sind sehr müde.
  Können wir vielleicht hier schlafen?
Aber die Leute antworten:
  Hier ist **kein** Platz.
  Geht weiter!

Maria und Josef klopfen an eine andere Tür.
Maria und Josef sagen:
  Guten Abend.
  Wir sind sehr müde.
  Können wir vielleicht hier schlafen?
Aber die Leute sagen:
  Hier ist **kein** Platz.
  Geht weiter!

Maria und Josef klopfen an eine andere Tür.
Maria und Josef sagen:
  Guten Abend.
  Wir sind sehr müde.
  Können wir vielleicht hier schlafen?
Aber die Leute sagen:
  Hier ist **kein** Platz.
  Geht weiter!

Maria und Josef laufen durch die ganze Stadt Bethlehem.
Dann sagt Josef zu Maria:
  Da ist ein Stall.
  Im Stall ruhen wir uns aus.
  Im Stall ist es warm.
  Auf dem Heu und dem Stroh ist es gemütlich.

In der Nacht bekommt Maria ihr Kind.
Maria sagt:

Das Kind heißt: Jesus.
Maria wickelt Jesus in eine weiche Decke.

In der Nähe von dem Stall sind Hirten.
Die Hirten passen auf die Schafe auf.
Die Schafe schlafen.
Plötzlich wird es ganz hell.
Ein Engel steht da.
Die Hirten haben große Angst.
Aber der Engel sagt zu den Hirten:
Habt **keine** Angst.
Freut euch.
Heute ist Jesus geboren.
Jesus ist der Sohn von Gott.
Geht zum Stall!
Dann gehen die Hirten zum Stall.
Die Hirten schauen Jesus an.
Die Hirten freuen sich über Jesus.
Maria und Josef freuen sich über den Besuch von den Hirten.
Maria und Josef freuen sich sehr.

Das war die Weihnachts·geschichte.

5 Bildung für Menschen mit hohem Unterstützungsbedarf – eine Annäherung

Annahmen über Bildung entscheiden maßgeblich über Bildungsangebote und weitergehend damit auch über Teilhabemöglichkeiten. Mit Blick auf Menschen mit hohem Unterstützungsbedarf macht gerade die jüngere Vergangenheit deutlich, dass Teilhabe vor allem davon bestimmt wird, was letztlich unter Bildung verstanden wird.[6]

Bildung im allgemeinen Sprachgebrauch meint in der Regel schulische Bildung, ob in der Kindheit und Jugend oder im Erwachsenenalter. In jedem Fall ist mit Bildung ein Lernziel, eine Fähigkeit oder Wissen, das nachprüfbar nach dem Bildungsprozess vorhanden ist, verknüpft. Diese Herangehensweise an den Begriff Bildung ist dem Bedarf von Menschen mit hohem Unterstützungsbedarf nicht angemessen, denn Tests oder andere Formen der Nachprüfbarkeit eines Lernerfolges sind für diese Menschen in der Regel weder sinnvoll noch durchführbar. Sie verengt außerdem das, was Bildung in der Tradition von Comenius, Pestalozzi und Klafki meint und verstellt den Blick für die vielfältigen Bildungsprozesse, die jedem Menschen möglich sind.[7]

Zumindest für Menschen mit hohem Unterstützungsbedarf, besser aber für jeden Menschen, ist es nötig eine andere, ganzheitlichere Sicht auf den Begriff Bildung, herausgelöst aus dem schulischen Lernen und der Wissensabfrage, zu finden.

Diese Sichtweise wird von Lamers und Heinen wie folgt beschrieben: „Durch Bildung wird Kultur erhalten und weiterentwickelt... Sie ist ein Prinzip, das für alle Mitglieder einer Kultur als deren Träger gilt, auch wenn sie unterschiedliche Grade der Bildung erreichen und unterschiedliches zur Kultur beitragen."[8]

Dieser erweiterte Bildungsbegriff, auf den sich auch die UN-Behindertenrechtskonvention beruft, unterscheidet nicht zwischen Menschen, die aktiv Beiträge zur kulturellen Entwicklung beitragen und solchen, die es nicht tun. Er gesteht jedem Menschen voraussetzungslos Teilhabe an Bildung und Kultur zu. Bildung beschreibt laut Bernasconi außerdem „den komplexen und lebenslangen Prozess der Entwicklung des Menschen"[9].

Dieser ergänzende Ansatz denkt Bildung als Entwicklung der Persönlichkeit in der Auseinandersetzung mit dem Gegenüber und der Umwelt. Diese Form von Bildung ist allen Menschen möglich, umso mehr, wenn angemessene Hilfsmittel und die passenden Zugangswege zur Verfügung gestellt werden. Sie ist also im weitesten Sinne barrierefrei.

Das Wachsen und sich Bilden des Menschen in der Auseinandersetzung mit der Umwelt muss für Menschen mit hohem Unterstützungsbedarf im höheren Maße von außen gestaltet und unterstützt werden als für diejenigen Menschen, denen ihre körperlichen und geistigen Fähigkeiten es ermöglichen, diese Auseinandersetzung selbst anzustoßen. Ein höheres Maß an Assistenzbedarf, oder die nur durch genaue Beobachtung zu erkennende Ausei-

6 Vgl. Bernasconi, S. 169.

7 Vgl. Klauß, https://www.ph-heidelberg.de/fileadmin/user_upload/wp/klauss/Bildungsentwicklung_Budapest05.pdf (Stand 2017)

8 Lamers; Heinen, 2006, S. 156.

9 Bernasconi, 2016, S. 168 ff.

nandersetzung mit der Umwelt ist kein Indiz dafür, dass Bildung nicht stattfindet oder nicht stattfinden kann.

Mit Gestaltung und Unterstützung ist dabei nicht nur die personelle Begleitung gemeint, sondern auch das Zur-Verfügung-Stellen angemessener Hilfsmittel, die Aufbereitung von Bildungsinhalten, um deren Verfügbarkeit zu erhöhen, das Begleiten von Erfahrungen, die Wiederholung, die Angemessenheit der Angebotsform und die Angemessenheit der Begegnung.

Beziehung als Voraussetzung und Ergebnis von Bildung

Angebote für Menschen mit hohem Unterstützungsbedarf erfordern immer eine persönliche Zuwendung, eine Begegnung. Sich als Gegenüber, als Interaktionspartner zur Verfügung zu stellen ist Voraussetzung dafür, dass ein Angebot in der für den speziellen Menschen angemessenen Form gedacht und durchgeführt werden kann. Das aufmerksame Beobachten und Erkennen, das einfühlsame Handeln und Warten sind das Ergebnis einer respektvollen Begegnung auf Augenhöhe. Auch Bildungsangebote leben von dieser zugewandten Interaktion und gelingen am besten, wenn neben den Vorbereitungen auch die innere Einstellung stimmig ist.

„Jeder Mensch hat ‚besondere Bedarfe', die ihn an den Anderen binden. Um selbstbestimmt leben zu können, ist der Mensch auf den anderen angewiesen. Der Mensch verwirklicht sich in der Gemeinschaft mit anderen, an die er seine Wünsche, Bedürfnisse oder Einstellungen richtet. Die Antwort des anderen auf meine Äußerung macht es erst möglich, dass ich mich als der erfahre, der ich bin. Ich brauche den anderen, um mich selbst zu erfahren."[10]

Das Fachkonzept der Entwicklungsfreundlichen Beziehung nach Senckel bietet eine Grundlage für angemessene Bildungsangebote. Die Entwicklungsfreundliche Beziehung stellt eine ressourcenorientierte Methode im Umgang mit Menschen mit hohem Unterstützungsbedarf dar. Ihr wichtigster Wirkfaktor ist die Beziehung, die sich am Bedürfnisniveau des Gegenübers orientiert. In ihrer Grundhaltung baut sie auf Wertschätzung, Achtsamkeit, Einfühlung und Echtheit in der Beziehungs- und Lebensweltgestaltung. Die Wahrnehmung der sozioemotionalen Bedürfnisse sowie der Denk- und Sprachentwicklung des Gegenübers und das Bemühen, diese Bedürfnisse dem jeweiligen Entwicklungsstand entsprechend zu beantworten, stehen im Vordergrund. Auf diese Weise kann ein Rahmen entstehen, der dem Gegenüber Sicherheit bieten soll für die Entdeckung eigener Möglichkeiten und Kompetenzen.[11]

Nach Senckel bleibt das Entwicklungsalter durchgängig Maßstab für pädagogischen Umgang, weil das Entwicklungsniveau der verschiedenen Persönlichkeitsbereiche (z. B. lebenspraktische Kompetenzen oder kognitive Fähigkeiten) häufig differiert.

Da aber auch das tatsächliche Lebensalter die Lebenserfahrung spiegelt, ist es wichtig, erwachsene Menschen mit hohem Unterstützungsbedarf mit einer differenzierten Wahrnehmung der Persönlichkeit – also auch auf der Erwachsenenebene – zu begegnen. Auf diesen unterschiedlichen Ebenen zur jeweils angemessenen Begegnung zu finden ist der formulierte Anspruch dieser Beziehungsgestaltung.[12]

Lebensalter und Entwicklungsalter sind bei Menschen mit hohem Unterstützungsbedarf häufig nicht deckungsgleich. Ein Bildungsangebot muss sowohl altersangemessen sein als auch das adäquate Angebotsniveau

10 Fornefeld: http://www.tre-sch.de/fileadmin/user_upload/veranstaltungen/fachtg_09/skript_fornefeld.pdf

11 Vgl. Senckel: http://www.efbe-online.de/methode.html/ (Stand: 13.07.2014)

12 Vgl. Senckel, 2011, S. 110.

beachten. So ist sichergestellt, dass es relevant ist und auch aufgenommen werden kann.

Das Wissen um die biografische Eingebundenheit des Menschen in eine Kultur erleichtert die Auswahl eines angemessenen Bildungsthemas. Es kann dabei aufgegriffen werden, was durch das Leben in einer oder mehreren Kulturen bereits auch bei Menschen mit hohem Unterstützungsbedarf als gegebene (Körper-)Erfahrung angenommen werden darf. Diese Erfahrungen werden durch die überlegt gestaltete, regelmäßige Wiederholung vertieft und so im günstigsten Falle dem Menschen verfügbar gemacht. Dadurch wird ihm ein Wiedererkennen ermöglicht. Dieses Wiedererkennen ist jedoch möglicherweise von außen nicht nachvollziehbar.

Erschließung von Bildungsinhalten

Altersangemessenheit berücksichtigt das Lebensalter des Menschen und seine biografischen Erfahrungen, unabhängig von seinem Entwicklungsalter. Die Entwicklungsangemessenheit meint, dass ein Angebot so gestaltet wird, dass es aufgenommen und verarbeitet werden kann, also die passende Aneignungsform gewählt wird.

Vier Aneignungsformen von Bildungsinhalten können unterschieden werden:

- Basal-perzeptiv:
  Die basal-perzeptive Aneignungsform nutzt die körpereigenen Wahrnehmungskanäle (Fühlen, Riechen, Sehen, Hören, Tasten) sowie Bewegung (aktiv und passiv) zur Auseinandersetzung mit der Welt.

- Konkret-gegenständlich:
  In dieser Aneignungsform wird experimentiert. Es werden mit Gegenständen und Personen Effekte erzeugt und wiederholt.

- Anschaulich:
  Die anschauliche Aneignungsform benötigt keine konkreten Gegenstände, um eine Auseinandersetzung mit der Umwelt anzuregen. Bilder oder spielerische Aneignung durch Rollenspiel (so-tun-als-ob) sind in dieser Aneignungsform zentral.

- Begrifflich-abstrakt:
  Die begrifflich-abstrakte Aneignungsform bedient sich vorwiegend abstrakter Symbole wie der Schrift oder den Zahlen um Bildungsinhalte zu gestalten und zu vermitteln.[13]

Die Aneignungsformen bauen aufeinander auf, dennoch werden in der Regel alle oder mehrere Niveaus genutzt, um Bildungsinhalte aufzunehmen. Um Bildungsinhalte zu strukturieren, können sie außerdem nach Stock **elementarisiert** werden. Dabei wird der Inhalt genau betrachtet und überprüft, um das Wesentliche (die elementaren Grundstrukturen) herauszuarbeiten.

Techniken zur Erschließung sind:

- Adaptieren: Was ist ähnlich?
- Modifizieren: Was kann man verändern?
- Magnifizieren: Was kann man hinzufügen?
- Minifizieren: Was kann man wegnehmen?
- Substituieren: Was kann man durch was ersetzen?
- Rearrangieren: Kann man Komponenten austauschen?
- Umkehren: Was ist das Gegenteil? Welche Rollen lassen sich vertauschen?
- Kombinieren: Einheiten, Absichten, Ideen in Beziehung zueinander setzen[14]

---

13 Vgl. Bildungsplan für die Schule für Geistigbehinderte, 2009, S. 14.

14 Vgl. Heinen, 1989, S. 133.

Durch diese Bearbeitungen können Bildungsangebote genauer auf die jeweilige Zielgruppe zugeschnitten werden und im Idealfall jeden Teilnehmer auf seinem Aufnahme- und Verarbeitungsniveau ansprechen. So wird Bildung zu einem „wesentlichen Element menschlichen Lebens, das weder an ein bestimmtes Lebensalter, noch an eine bestimmte kognitive, soziale, kommunikative usw. Entwicklungsstufe gebunden ist“[15].

Wahrnehmung der Welt als Bildung

Haisch beschreibt den zum Lernen (dem Erfassen im weitesten Sinne) günstigsten körpereigenen Zustand als „Beruhigte Wachheit“, ein Zustand, in dem der Mensch wach, satt, schmerzfrei und in jeder Hinsicht frei ist für die Aufnahme von Neuem. In dieser optimalen Situation kann es dem Menschen gelingen, seine Aufmerksamkeit durch den Wunsch zur Bewegung auf etwas Äußeres zu richten und es aufzunehmen.[16]

Pflege ist die kulturentsprechende Form der Befriedigung körperlicher Bedürfnisse mit dem Ziel der Beruhigung, Sicherheit und Offenheit für Erfahrung, Beziehung und Lernen, also das Mittel zur Erlangung der „Beruhigten Wachheit“. Manche Menschen sind dabei umfassender auf Hilfe von außen angewiesen als andere. Diese Erkenntnis vermeidet eine unnötige Separierung in Menschen mit und ohne Pflegebedarf. Die Besonderheit der Menschen mit schwersten Behinderungen liegt in ihrer Abhängigkeit von den pflegenden Hilfskräften. Pflege und Selbstpflege ermöglichen Bildung.[17]

Das Konzept der Basalen Stimulation von Fröhlich beschreibt Wahrnehmung als eigenen Kompetenzbereich, in dem Menschen mit schwerer Behinderung Fähigkeiten erwerben und Entwicklungsfortschritte machen können. Ansätze der Basalen Stimulation eignen sich in besonderer Weise als Methoden für Bildungsangebote für Menschen mit hohem Unterstützungsbedarf. Das Konzept stellt die Wahrnehmung des eigenen Körpers in den Vordergrund, weil diese die Grundlage zur Kontaktaufnahme mit der Umwelt und den Mitmenschen darstellt. Es versteht sich als pädagogisch-therapeutisches und pflegerisches Konzept zur Förderung der Wahrnehmungs-, Kommunikations-, und Bewegungsfähigkeiten, als Angebot körperbezogenen, ganzheitlichen, nonverbalen Lernens.[18]

Nach Mohr geht Basale Stimulation weiterhin davon aus, dass der Mensch mit hohem Unterstützungsbedarf in seinen Äußerungen und dem subjektiven Sinn der ihnen zugrunde liegt ernst genommen wird. Hier wird bedacht, dass Menschen zwar in ihrer Würde gleich sind, sich aber in ihren Vorlieben, Lebenserfahrungen oder Kommunikationsstilen unterscheiden.[19]

Dabei stehen die Begegnung und die damit einhergehende ethische Haltung im Vordergrund. Die Überzeugung, dass die lautlichen, gestischen und körperlichen Äußerungen von Menschen mit hohem Unterstützungsbedarf Ausdruck von Persönlichkeit und von Willen zur Kommunikation sind, ist Grundlage jeder gelungenen Interaktion.

Die Gestaltung von Interaktion und Kommunikation, spielt eine entscheidende Rolle bei der Erarbeitung von Bildungsangeboten. Menschen mit hohem Unterstützungsbedarf sind im hohen Maße davon abhängig, dass

15 Vgl. Bernasconi, 2016, S. 168 ff.

16 Vgl. Haisch; Kolbe, 2013, S. 112.

17 Vgl. Klauß: https://www.ph-heidelberg.de/fileadmin/user_upload/wp/klauss/Bildungsentwicklung_Budapest05.pdf (Stand: 02.03.2017)

18 Vgl. Mohr: http://www.basale-stimulation.de/was-ist-basale-stimulation/ (Stand: 01.03.2017)

19 Vgl. Mohr: http://www.basale-stimulation.de/was-ist-basale-stimulation/ (Stand: 01.03.2017)

ihnen Sinnesreize und Erfahrungen so zugeführt werden, dass sie diese wahrnehmen und verarbeiten können.

Sie sind jedoch diesen Reizen nicht passiv ausgeliefert, sondern erarbeiten im Rahmen ihrer Möglichkeiten eine Reaktion. Diese Sensorische Integration ist ein neurologischer Prozess, bei dem das Gehirn eingehende Sinnesreize aus der Umwelt organisiert und verarbeitet, verknüpft und interpretiert. Auf diese Art und Weise werden die Sinnesinformationen für den Menschen bedeutsam und nutzbar. Diese Nutzung kann in einer Wahrnehmung oder Erfassung des Körpers oder der Umwelt bestehen oder sich in einer angepassten Reaktion äußern. Wird diese Reaktion wahrgenommen und aufgegriffen, kann über die Interaktion ein zusätzlicher Gewinn an Selbst- und (Um-)Welterfahrung angeregt werden.

Das Ansprechen verschiedener Reizkanäle kann die Gestaltung von Bildungsangeboten für Menschen mit hohem Unterstützungsbedarf bereichern. Die Veranschaulichung von Bildungsinhalten durch körpernahe Sinnesreize ermöglicht es, voraussetzungslose Zugänge zu Bildungsinhalten zu gestalten.

Zu den körpernahen Sinnen gehören:

- Die taktile Wahrnehmung, der Berührungssinn, d. h.: Die Empfindung der Haut (Druck, Temperatur, Feuchtigkeit, Schmerz),
- Die vestibuläre Wahrnehmung, der Gleichgewichtssinn, d. h.: Die Erfahrung von Gleichgewicht und Beschleunigung
- Die propriozeptive Wahrnehmung, die Tiefensensibilität d. h.: Die Wahrnehmung von Bewegung, Haltung und der Position des Körpers

Die auditive (Hören), olfaktorische (Riechen), gustatorische (Schmecken) und visuelle (Sehen) Wahrnehmung gelten als Körperfernsinne und ergänzen die körpereigenen Erfahrungen durch die Verarbeitung von Reizen von außerhalb des Körpers.[20] Dabei ist die olfaktorische Wahrnehmung im hohen Maße mit dem Hippocampus und damit mit dem Langzeitgedächtnis verknüpft. Olfaktorische Reize sind deswegen häufig mit Erinnerungen behaftet.

Neue Reize oder Impulse werden am besten verarbeitet (integriert) wenn sie verschiedene Sinne gleichzeitig ansprechen. Die Verknüpfung unterschiedlicher Reize kann also zu einer verbesserten Aufnahme von bildungsassoziierten Effekten führen. Dabei muss allerdings beachtet werden, dass es bis zum Erreichen der intentionalen Kommunikationsstufe[21] für Menschen nicht möglich ist, Einzelreize bewusst zu verknüpfen, die Konzentration erfolgt dann jeweils auf einen der Reize. Erst wenn die geteilte Aufmerksamkeit möglich ist, kann sich ein Mensch z. B. auf einen Gegenstand und den Menschen, der ihn hält, konzentrieren.

Sprache als Trägerin von Bildungsinhalten

Die Sprache in Bildungsangeboten für Menschen mit hohem Unterstützungsbedarf sollte als Träger der Informationen einfach gestaltet sein. Das Konzept der Leichten Sprache berücksichtigt die Bedürfnisse von Menschen mit Unterstützungsbedarf. Das Ziel der Leichten Sprache ist Textverständlichkeit. Um einen Text in Leichte Sprache zu übersetzen, müssen leichte Worte und kurze Sätze mit kleinschrittigen Sinnzusammenhängen gewählt werden. Schwierige Begriffe oder Fremdwörter sollten vermieden, durch verständlichere

20 Vgl. Ayres, 1984, S. 45 ff.

21 Vgl. Leber, Poster 2009.

Begriffe ersetzt oder erklärt werden. Konjunktiv- und Passivformulierungen müssen in der Leichten Sprache ebenfalls vermieden werden. Anstelle von Verneinungen sollten positive Formulierungen verwendet werden.

Schwierige Begriffe müssen eventuell exformiert werden – das heißt: der unausgesprochene, aber mitgewusste Inhalt eines Wortes muss direkt ausgedrückt werden, damit der Text verstanden werden kann. Außerdem können Auslassungen und Kürzungen notwendig sein, um die Verständlichkeit zu gewährleisten. Weitere Veränderungen des Originaltextes durch die Leichte Sprache können außerdem das Einflechten von Interpretationen oder die Ergänzung durch Bilder oder Vergleiche sein.[22]

Auch alternative Kommunikationsmethoden, wie körpereigene Kommunikationsformen (Mimik, Gestik, Blickbewegungen, Lautieren, Gebärden usw.), nichtelektronische Kommunikationshilfen (Symbol-, Foto- oder Wortkarten, Kommunikationsbücher usw.) und elektronische Kommunikationshilfen (Computer, Talker, Schalter usw.) können bei der Gestaltung von Bildungsangeboten berücksichtigt werden. Dabei entscheidet die Zusammensetzung der Zielgruppe, welche Methoden sinnvoll eingesetzt werden können.

Bildung als Grundrecht

Menschen mit hohem Unterstützungsbedarf benötigen keinen individuellen Bildungsbegriff. Die Beschreibung von Bildung als lebenslange Erschließung der Welt und Entwicklung der Persönlichkeit kann universal für alle Menschen hilfreich sein.

Menschen mit hohem Unterstützungsbedarf benötigen aber gezielte Assistenz bei der Erschließung und Entwicklung, indem Bildungsangebote auf eine Weise geplant und gestaltet werden, dass sie den individuellen Zugangsmöglichkeiten entsprechen. Lernen endet auch bei Menschen mit hohem Unterstützungsbedarf nicht nach Abschluss der schulischen Laufbahn, sondern ist lebenslanger Prozess und Grundrecht.

Im Artikel 30 der UN-Behindertenrechtskonvention heißt es:

(1) „Die Vertragsstaaten anerkennen das Recht von Menschen mit Behinderungen, gleichberechtigt mit anderen am kulturellen Leben teilzunehmen und treffen alle geeigneten Maßnahmen um sicherzustellen, dass Menschen mit Behinderung Zugang zu kulturellem Material in zugänglichen Formaten haben“[23].

Das „Fühl-Mal!“-Konzept will ein zugängliches Format zu kultureller Bildung sein und somit einen individuellen Zugang zu Menschen mit hohem Unterstützungsbedarf eröffnen.

22 Vgl. https://www.bibelwerk.de/Sonntagslesungen.39460.html/Evangelium+in+Leichter+Sprache.102163.html (Stand: 18.02.2017)

23 http://www.bmas.de/SharedDocs/Downloads/DE/uebereinkommen-ueber-die-rechte-behinderter-menschen.pdf?__blob=publicationFile&v=2 (Stand: 17.05.2011)

6 Quellenverzeichnis

Einzelwerke

Ayres, Jean: Bausteine der kindlichen Entwicklung, Springer-Verlag, 1984

Haisch, Werner; Kolbe, Hermann: Gestaltung der Lebens- und Arbeitsqualität in sozialen Diensten, Centaurus Verlag & Media KG, 2013

Heinen, Norbert: Überlegungen zur Didaktik mit Menschen mit schwerer Behinderung, Schulentwicklung – Gestaltungsräume in der Arbeit mit schwerbehinderten Schülerinnen und Schülern, verlag selbstbestimmtes leben, 2003

Lamers, Wolfgang; Heinen, Norbert: Bildung mit ForMat in: Désirée Laubenstein, – Basale Stimulation kritisch-konstruktiv, verlag selbstbestimmtes leben, 2006

Leber, Irene: Kommunikation einschätzen und unterstützen, Poster und Begleitheft, von Loeper Literaturverlag, 6. Auflage, 2015

Senckel, Barbara: Du bist ein weiter Baum – Entwicklungschancen für geistig behinderte Menschen durch Beziehung, Verlag C.H.Beck, 4. Auflage, 2011

Zeitschriften

Bernasconi, Tobias: Zeitschrift Teilhabe 4/2016, Wissenschaft und Forschung, Bildung bei schwerer und mehrfacher Behinderung, Lebenshilfe-Verlag

Internetquellen

Fornefeld, Barbara:
http://www.tre-sch.de/fileadmin/user_upload/veranstaltungen/fachtg_09/skript_fornefeld.pdf
(Stand: 09.01.2018)

Klauß, Theo:
https://www.ph-heidelberg.de/fileadmin/user_upload/wp/klauss/Bildungsentwicklung_Budapest05.pdf
(Stand: 02.03.2017)

Mohr, Lars:
http://www.basale-stimulation.de/was-ist-basale-stimulation/
(Stand: 01.03.2017)

Senckel, Barbara:
http://www.efbe-online.de/methode.html
(Stand: 13.07.2014)

Bundesministerium für Arbeit und Soziales:
http://www.bmas.de/SharedDocs/Downloads/DE/uebereinkommen-ueber-die-rechte-behinderter-menschen.pdf?__blob=publicationFile&v=2
(Stand: 17.05.2011)

Das Bibelwerk: Evangelium in Leichter Sprache
https://www.bibelwerk.de/Sonntagslesungen.39460.html/Evangelium+in+Leichter+Sprache.102163.html
(Stand: 05.12.2017)

Sonstige Quellen

Amtsblatt des Ministeriums für Kultus, Jugend und Sport Baden-Württemberg: Bildungsplan für die Schule für Geistigbehinderte, 1/2009, Neckar-Verlag Ausgabe C

Bundesverband evangelischer Behindertenhilfe e. V.: Skript, Handlungsempfehlung Teilhabe am Arbeitsleben von Menschen mit hohem Unterstützungsbedarf, Berlin 2010

Diakonie Stetten: Leitbild der Diakonie Stetten 2016

Weiterführende Literatur

Fornefeld, Barbara: mehr-Sinn-Geschichten: Erzählen, Erleben, Verstehen, Der Konzeptband, verlag selbstbestimmtes leben, 2013

Fröhlich, Andreas; Heinen, Norbert; Klauß, Theo; Lamers, Wolfgang: Schwere und mehrfache Behinderung – interdisziplinär, Athena, 1. Auflage, 2011

Fröhlich, Andreas: Basale Stimulation, verlag selbstbestimmtes leben, 4. Auflage, 2003

Fröhlich und Freunde: Bildung ganz basal, verlag selbstbestimmtes leben, 2014

Goudarzi, Nicol: Basale Aktionsgeschichten, von Loeper Fachbuch Unterstützte Kommunikation Praxisreihe, 2015

Handreichung Bildung (Juli 2014) und Anhang zur Handreichung Bildung: Überblick über die Bildungsangebote in den Remstal Werkstätten, Diakonie Stetten

Heinen, Norbert; Heinen, Wolfgang: Geistigbehindertenpädagogik als Begegnung, verlag selbstbestimmtes leben, 2000

Leben mit Behinderung Hamburg: Ich kann mehr! Berufliche Bildung für Menschen mit schwerer Behinderung, 53 Grad Nord Agentur und Verlag, 2011

Munde, Vera: Lass uns Wellenreiten gehen! Aufmerksamkeit bei Menschen mit hohem Unterstützungsbedarf, Zeitschrift Teilhabe 1/2016, Jg. 55, S. 4–8

Praschak, Wolfgang; Eggers, Dörte; Gruber, Susanne: LEBIKO: Lebenslange Bildung in Kooperation, Projektorientiertes Lernen für Menschen mit hohem Unterstützungsbedarf, Zeitschrift Teilhabe 2/2011, Jg. 50, S. 76–80

Projekt WIR: Grundlagen unseres Selbstverständnisses in den Remstal Werkstätten, 2012, Diakonie Stetten

Über die Autorinnen

Frauke Jessen-Narr

Monika Böttcher

Fotos © Thomas Spitzenberger

Frauke Jessen-Narr, Ergotherapeutin und Fachkraft für Unterstützte Kommunikation und **Monika Böttcher,** Heilerziehungspflegerin und Heilpädagogin arbeiten im Förder- und Beschäftigungsbereich der Remstal Werkstätten der Diakonie Stetten.

Sie blicken auf eine langjährige Erfahrung in der Begleitung und Förderung von Menschen mit Behinderung zurück. In den letzten Jahren setzten sich die Autorinnen verstärkt mit Bildungsmöglichkeiten für Menschen mit hohem Unterstützungsbedarf im nachschulischen Lebensbereich und mit den Möglichkeiten der Unterstützten Kommunikation bzw. der Leichten Sprache auseinander.

Ideenwettbewerb

2017 feierten evangelische Christen weltweit 500 Jahre Reformation. Im Rahmen dieses Jubiläums wurde von der Evangelischen Landeskirche in Württemberg der Ideenwettbewerb „Kirche macht was. Aus deiner Idee!“ ins Leben gerufen. Dahinter steht Martin Luthers reformatorischer Gedanke vom „Priestertum aller Gläubigen“: Jeder kann, darf und soll Kirche mitgestalten.

Das vorliegende Buch wurde im Rahmen des Ideenwettbewerbs von den Autorinnen Frauke Jessen-Narr und Monika Böttcher entwickelt und beim zweiten Wettbewerbsthema „Gottes Wort spricht alle an. Ich höre nichts“ eingereicht. „Fühl mal Gottes Wort“ setzte sich sowohl im Public Voting, als auch vor der kirchenunabhängigen Jury durch und war eine der Gewinnerideen des Ideenwettbewerbs der Evangelischen Landeskirche in Württemberg.

Das war die Aufgabenstellung

Im Alltag werden wir ständig mit privaten, beruflichen und kommerziellen Botschaften überschwemmt. Inzwischen haben wir gelernt nur einzelne Informationen wahrzunehmen. Vieles geht in der Informationsflut unter. Auch das Wort Gottes bleibt oft ungehört. Wie kann man das Wort Gottes so vermitteln, dass es tatsächlich bei den Menschen ankommt? Durch die Übersetzung der Bibel in die deutsche Sprache hat Martin Luther vielen Menschen den Zugang zum Wort Gottes ermöglicht. Auch heute soll es bei jedem ankommen und von jedem verstanden werden. Denn Gottes Wort ist für alle, und doch ist es individuell.

Entwickle Ideen, wie man das Wort Gottes in unseren alltäglichen Informationsfluss so vermitteln kann, dass es tatsächlich alle Menschen durchdringt und verstanden wird.

http://www.kirche-macht-was.de/jetzt-voten/projektdetail/projekt/biblische-erlebnisgeschichte/projektController/show/Project.html?no_cache=1&tx_t5elkideas_project[moreProjectsSection]=1

http://www.kirche-macht-was.de/archiv/archiv-gottes-wort-spricht-alle-an-ich-hoere-nichts.html

Weitere Bücher aus dem von Loeper Literaturverlag

Frauke Jessen-Narr

„Fühl mal“ Grimms Märchen

Erlebnisgeschichten in Leichter Sprache für Menschen mit hohem Unterstützungsbedarf

„Es war einmal…“ und „knusper, knusper, knäuschen…“, diese Zitate sind vielen Menschen bekannt und in unserem Leben nicht mehr wegzudenken. Aber wie kann man die bekannten Märchen der Brüder Grimm für Menschen mit einem hohen Unterstützungsbedarf erfahrbar und erlebbar machen? Dieser Aufgabe widmet sich das Buch und schafft durch das sogenannte „Fühl mal“-Konzept mit einem klar strukturierten und bildungsorientierten Ansatz, Geschichten durch sinnliche und sinnhafte Angebote darstellbar, erlebbar und fühlbar zu machen.

84 S., kartoniert; **ISBN: 978-3-86059-291-5**

Caritas Augsburg Betriebsträger gGmbH (Hrsg.)

Deutschland mehr wissen

37 Einblicke in Leichter Sprache

„Deutschland mehr wissen“ ist ein innovatives Buch, das es in dieser Form bisher noch nicht gegeben hat. Die 37 Geschichten rund um Deutschland sind in Leichter Sprache geschrieben und werden auf jeweils einer Doppelseite kompakt dargestellt. Hierbei waren Menschen mit Lernschwierigkeiten nicht nur als Prüfer:innen am Projekt beteiligt, sondern haben unter anderem auch an der Auswahl der Inhalte mitgewirkt.

108 S., kartoniert; **ISBN: 978-3-86059-290-8**

Nicol Goudarzi

Das sensorische Sachenmachbuch

Wahrnehmungsunterstützte Spiel- und Lernideen

Dieses Buch bietet eine Vielzahl an Ideen und Impulse für Wahrnehmungsangebote im frühkindlichen und basalen Bereich. Das Besondere an den Angeboten ist, dass sie sich auf einen fachlichen Kontext beziehen und eine herausfordernde Lernsituation bereitstellen. Jedes Sensorikangebot wird durch einen Lerninhalt in Form von Aufgabenkarten, Arbeitsblättern oder Spielideen ergänzt. Zur Visualisierung werden hierbei die bewährten METACOM-Symbole genutzt.

144 S., kartoniert; **ISBN: 978-3-86059-252-6**

Claudia Rademacker

Erkundungsgeschichten

Hilf, mir die Welt zu begreifen

Wie lassen sich für Personen mit einem intensiven Bedarf Wege der Förderung finden, die auf das Entwicklungsalter mit seinen ganz individuellen Lernausgangslagen und Bedürfnissen ausgerichtet ist? Dabei sollten alle Sinne angesprochen werden und Wohlbefinden erzeugen. Das alles ermöglichen die in diesem Buch vorgestellten Erkundungsgeschichten. Da die Erkundungsgeschichten kurz und ohne großen Aufwand durchführbar sind, können sie ganz leicht, auch von zu Hause aus, umgesetzt werden.

84 S., kartoniert; **ISBN: 978-3-86059-255-7**

von Loeper Literaturverlag
Daimlerstr. 23, 76185 Karlsruhe, Tel. (0721) 46 47 29 0, Fax (0721) 46 47 29 099
E-Mail: Info@vonLoeper.de, Internet: www.vonLoeper.de